AROUND

Vol.95
2024 June

관계의 모양 Being Together

ISSN 2287-4216
ISBN 979-11-67754-035-5
KRW 18,000

9 791167 540355

03050

Moonassi & Hwaran, Misaki Kawai, Dexy, Yang Yoomi & Lee Changhyub,
Nam Pilwoo & Kim Saerom, DUO.KONGHA, Kim Sangjin, Yabandoju, Graedo Farm Inc,
Ludwig van Borkum

7년 전쯤, 퇴사를 앞둔 한 직원은 시집을 선물로 주고 갔다.
조병화 시인의 《만나는 거와 떠나는 거와》라는 1978년도에
출판된 책이었다. 제목을 보자마자 선물의 의미를 단번에 알 수
있었다. 사람에게 마음을 많이 주는 내가 어라운드에서 만나고
떠나보내는 삶을 살아가며 지치지 않길 바라는 위로가 느껴졌다.
시집 속 '벗'이라는 시에 이런 구절이 있다.
'어제를 이야기하며 오늘을 나눈다. 그리고 또 내일 뜬다.'
태양을 벗에게 비유한 구절이다. 관계에도 모양이 있다면
바로 저 모습이지 않을까. 오늘을 힘껏 나누고, 지난 시간을
이야기할 수 있는 사이. 그리고 내일 각자의 삶에서 다시
떠오르며 살 수 있다면 더없이 좋겠다. 헤어짐은 늘 어렵지만,
후회와 미련보다는 '오늘'을 소중하게 보내며 관계의 모양을
만들고 있다. '오늘 누구와 무엇을 나눌 것인가'. 같이 일하는
사람, 같이 사는 사람, 같이 이야기 나누는 누군가를 하나둘
떠올리며 하루하루 시간을 쌓아가는 중이다. 사람들은
어떤 모양의 관계를 맺으며 살아갈까, 이번 어라운드에서는
다양한 상황 속에서 오늘과 어제를 나누며 내일을 이야기하는
사람들을 만났다. 이 책을 읽는 독자분들도 관계의 모양이
무얼지 생각해 보며 오늘을 힘껏 나누길.

김이경—편집장

Contents

The Eye That

Witnesses Love

사랑을 포착하는 시선

Ludwig van Borkum

에디터 차의진

소개로 시작해 볼까요? 독특한 이름이라고 생각했어요.
안녕하세요. 독일 뮌헨에 사는 필립 메르츠예요. '루트비히 판 보르쿰Ludwig van Borkum'이라는 예명은 포토그래퍼로 일할 때 써요. 이렇게 짓게 된 데는 재밌는 일화가 있는데요. 지금은 그 사람이 누군지도 잊어버렸는데, 한 디제이의 인터뷰를 읽었어요. 그 사람이 예명은 성과 이름 사이에 쓰는 가운데 이름과 자라온 거리 명칭을 붙여서 만들면 된다고 하더군요(웃음). 그래서 루트비히 보르쿰이 됐어요. 가운데 '판'은 음악가 '루트비히 판 베토벤'에서 가져왔고요.

재밌는 작명법이네요(웃음). 루트비히는 스트리트 사진을 찍고 있죠.
2011년부터 거리에서 사진을 찍어 왔어요. 영상 편집자로 일한 경력을 살려 감독이 되고 싶었는데, 그 일은 수많은 사람과 오랫동안 머리를 싸매야 하더라고요. 하지만 사진은 그렇지 않아서 자유롭다고 느꼈어요. 그리고 일상을 찍으면서 많은 영감을 얻기도 했고요. 금세 사진에 흠뻑 빠졌고, 지금은 어디를 가든 카메라와 함께예요.

가족들이 거리에 함께 있는 모습을 자주 포착하는 것 같아요. 뮌헨의 가족들은 주로 어떻게 시간을 보내요?
자연에서요. 뮌헨에는 공원과 놀이터가 많거든요. 여름엔 이자르강으로 많이들 놀러 가는데요. 수영하기 좋고 주변에 초록빛 공간이 많아요. 또 영국 정원English Garden이라는 곳 나무 아래 앉아 있기도 해요.

독일에서 마주치는 가족은 흔히 어떤 모습인지도 궁금해요.
보통 부모와 아이 한 명에서 세 명으로 이뤄져 있는데, 이보다 더 다양한 형태도 있죠. 혼자 아이를 키우거나 헤어지고 새로운 파트너와 함께하는 경우도 많은데요. 유별난 경우는 아니에요. 독일에서는 아이의 행복을 지지하는 가족이라면 어떤 형태든 인정하는 분위기거든요.

한국도 점점 그렇게 되어가는 것 같아요. 연인들이 입맞춤하는 사진도 인상적이었어요. 제가 있는 곳에선 자주 보이는 장면이 아니거든요.
독일에서는 공공장소에서 껴안거나 키스하는 모습이 꽤 흔한 편이지만, 항상 볼 수 있는 건 아니에요. 사진으로 담기도 쉽진 않죠.

거리에서 만난 사람들을 어떤 마음으로 관찰하고 사진에 담고 있나요?

그들과 연결되어 있다는 느낌으로요. 사진은 저를 둘러싼 환경, 사람과 더 깊이
교감하도록 해주거든요. 세계가 저한테 활짝 열리는 듯한 기분도 들고요.
바깥을 관찰하면서 저 자신의 몰랐던 점도 발견하게 되기도 해요.

**낯선 가족을 포착하다 보면 사랑하는 사람도 자연스레 떠오를 것 같아요.
어떤 사람들과 지내요?**

아내랑 세 살 딸과 함께 살아요. 딸이 자라는 모습을 보는 건 제 인생에서 가장
아름다운 일 중 하나예요.

함께 사진에 담긴 사랑스러운 인물들 말이죠? 아내, 딸과 함께하는 일상은 어때요?

아내와는 최대한 함께 시간을 보내려고 노력하는데요. 저희도 다른 가족처럼
이자르강에서 여름을 보내요. 딸과는 동네 동물원에 가서 고릴라와 플라밍고를 보기도
하고요. 뮌헨은 가족들이 즐길 게 많은 도시예요.

평화로운 일상이에요. 아내와는 어떻게 만났는지 궁금해요.

둘 다 뮌헨 근처의 작은 동네에서 자라서 이미 서로 알고는 있었죠. 그러다 10대 때
민속 축제에서 만나 처음으로 입을 맞췄어요. 그때부터 쭉 함께랍니다. 저희가 20대
때는 아기를 가지고 싶은 마음이 별로 없었고, 먼 미래의 일로만 생각했어요. 그래서
아이에 대해 진지하게 이야기하기까지는 조금 시간이 걸렸죠. 그런데 지금은 이렇게
우리 딸과 함께하고 있으니 모든 것이 재밌기만 하네요.

가족을 촬영할 때는 어때요?

늘 좋은 장면이 나올 거라는 걸 이미 알고 있어요. 항상 행복하고요. 예전에 아이와
처음으로 휴가를 갔을 때 수영장에서 사진을 찍어준 일이 특히 기억나요. 조작하기
어려운 수동 폴라로이드 카메라로 찍었는데, 결과물이 좋아서 정말 기뻤어요. 그렇게
사랑스러운 아이의 아빠라는 사실에 얼마나 뿌듯했는지 지금도 웃음이 나네요.

가정이 생긴 이후, 혼자 보내는 시간의 의미는 어떻게 달라졌어요?

혼자만의 시간을 갖는 건 여전히 저에게 굉장히 중요해요. 카메라와 함께 돌아다니는 건
그 시간을 가능하게 해주죠. 마치 명상 같기도 하면서 창의성에 대한 욕구를 끌어올려
줘요. 그런 시간을 갖기가 갈수록 어려워지고 있긴 해요.

**아버지의 삶은 바쁠 수밖에 없겠죠(웃음). 루트비히에게 가족이라는 관계는
어떤 의미예요?**

답하기 조금 어려운데요(웃음). 가족은 정말 다양한 관계를 말한다고 생각하거든요.
그래도 이야기해 보자면 한 사람에게 평생 부여되는 책임, 그리고 사랑에 관한 것이라고
말할래요.

Separately And Together
내심 알아채는 사이

무나씨·화란—동양화가

에디터 이명주
포토그래퍼 강현욱

흑백의 세상에서 느긋이 거니는 두 사람, 무나씨와 화란. 동양화가로서 붓에 검은 먹을
흠뻑 묻혀 든 그들은 각자 앞에 놓인 종이 위에 그림을 그린다. 검은 선은 사람 사이의
관계를 잇는 두터운 실이 되어주고, 하얀 여백은 어디서도 무너지지 않을 나만의 세계를
지탱한다. 마침내 완성한 그림을 마주 보는 무나씨와 화란은 목소리 대신 마음으로
이야기를 나눈다. 두 사람의 고요하고도 선명한 사랑을 듣기 위해 후암동으로 향했다.

사람이 타인과 관계를 맺지 않는다면,
그 사람의 세상에서는 아무 일도 벌어지지 않을 거예요.

오가는 감정을 그림에 붙잡아

2층으로 올라오자마자 푸르른 창밖이 보이네요. 아름다워요.
화란 어서 오세요. 창밖에 있는 건 감나무예요. 곧 열매가 주렁주렁 달릴 때인데, 한번 무르익으면 겨울까지도 잘 안 떨어지더라고요. 새들이 와서 쪼아 먹기도 하고요. 여기는 집이자 작업실인데, 주택 1층은 시어머니가 쓰시고 2층은 우리 부부가 반려동물과 함께 머무는 곳이에요.

저쪽에 있는 강아지는 방울이죠? 저희를 약간 경계하는 것 같아요.
화란 아, 방울이는 낯을 많이 가려요. 새끼 때 농수로에 빠져 있던 걸 구조했다는데 그래서인지 부스럭거리는 옷, 쇠로 만든 도구들을 무서워해요. 과하게 짖거나 경계하지 않도록 가르치고 있지만, 낯선 사람은 최소 몇 달은 봐야 조금씩 가까워질 수 있어서 아마 오늘은 친해지기 어려울 거예요. 저기 계단 근처에 있는 고양이는 까망이예요.
무나씨 오시느라 고생 많으셨어요. 커피 한 잔씩 드세요.

시원해 보이네요! 커피는 두 분이서 자주 드세요?
화란 매일 아침 무나씨가 드립 커피를 만들어줘요. 이것도 직접 내린 건데 아주 맛있을 거예요.

감사히 잘 마실게요. 두 분은 화가다 보니 전시회나 인터뷰에서 자기소개를 무척 자주 하셨을 것 같아요. 오늘은 서로 소개해 볼까요?
화란 예상치 못했는데(웃음), 제가 먼저 해볼게요. 저는 무나씨를 그림으로 먼저 알고 팬이 되었어요. 간단한 흑백 드로잉을 주로 그릴 땐데 그 안에 철학적인 의미나 세심한 감정을 표현하는 게 소름 돋을 정도로 좋았죠. 생각을 곱씹고 소화해서 꺼내는 사람이라는 게 느껴졌어요. 작가가 아닌 가족으로서의 무나씨도 같은 모습이더라고요.

감정을 세심하게 표현하고 조절할 줄 아는, 저한테 굉장히 다정하고 친절한 사람이라고 소개하고 싶어요.

무나씨 작가님, 조금 부끄러워하시는 것 같은데요.
무나씨 너무나 듣기 좋은 말로 소개해 줘서요(웃음). 저도 잘해야 할 텐데…. 저도 화란 작가님을 관계가 가까워지기 전부터 서예와 그림을 통해 알고 있었어요. 지금 어떤 일을 하는 사람이라고 정의하기가 어려울 정도로 다재다능한 작가죠. 인간적인 측면에서도 책임감이 뚜렷하고 리더십도 있어요. 내향적인 저의 부족한 부분을 채워주는 사람이라고 생각해요.

방울이와 까망이는 함께 지낸 지 오래되었나요?
화란 방울이는 원래 무나씨와 지냈고, 까망이는 제가 결혼 후에 데리고 와 함께 살게 되었어요. 아까 방울이를 농수로에서 구조했다고 했는데, 까망이도 작년 10월쯤에 아버지가 취미 삼아 가꾸는 텃밭에서 데려왔어요. 엄마랑 떨어졌는지 혼자 웅크려 있고 주변에는 까마귀가 모여들고 있었죠. 기다려도 엄마가 나타나지 않아서 제가 키우기로 했고요. 이름은 아버지에게 지어달라고 했는데 터프하게 "까만색이니까 까망이!"라 하셔서 그대로 부르고 있어요(웃음). 까망이는 누구에게나 친근한 편이라 겁이 많은 방울이를 오빠처럼 지켜줘요.
무나씨 남매지간 같은 사이죠. 저는 어릴 때 강아지를 키웠는데 이별한 후로는 새로운 반려견과 지낼 엄두가 나지 않았어요. 그러다 우연히 입양을 기다리는 강아지들의 임시 보호 웹사이트에서 어릴 적 함께 살던 친구와 닮은 방울이를 발견하게 됐죠. 마음이 힘들었을 때라 방울이를 데려오고 나서 정신적으로도 많이 의지했고, 덕분에 삶을 바라보는 시선도 달라졌어요. 땅에 발을 딱 붙인 채로 사는 느낌이죠.

**반려동물은 말 한마디 없이도 큰 위로와 다정함을
선물해 주는 존재 같아요. 후암동은 골목이 많아서 함께
산책하기도 좋겠어요.**
무나씨 맞아요. 후암동이 굉장히 오래된 동네잖아요.
돌아다니다 보면 피아노 학원, 문방구처럼 옛날에 흔히
보던 가게가 많아요. 아이들이 놀이터에서 뛰어노는
소리나 학교 종소리도 가까이서 들리고요. 사실 조금만
내려가면 사람이 바글바글한 서울 시내 한복판인데,
이쪽은 타임머신을 타고 어릴 때 살던 동네를 걷는 듯한
느낌이 들죠. 이 집도 지어진 지 30-40년은 족히 되었다고
하더라고요.

**집에 들어서자마자 한 폭의 그림에 들어온
기분이었어요. 단정하고 올곧은 공간에 나뭇잎이 흔들리는**

선을 잘 써야 글도 그림도 잘할 수 있다고 여겨져요.
한자를 쓰는 동양 문화권에서는 선이 예술의 기본이자
필수 요소인 거죠. 물론 저와 무나씨가 선을 중심으로
작품을 풀어나가고 있지만, 선이 동양화의 전부는
아니에요. 다양한 작가들 덕분에 작업의 경계가 계속해서
넓어지고 있으니까요.
무나씨 저희의 그림은 먹과 한지를 사용하고 있는데, 그게
전통 재료라고 해서 동양화로만 규정지을 수는 없다고
생각해요. 소재를 특이하게 쓰더라도 의미가 동양적이라면
동양화라고 말할 수 있잖아요. 한편으로 동양화처럼
보여도 작가가 서양화의 의미를 담았다고 말한다면 그대로
받아들여질 테고요. 스스로 작업의 한계를 두고 싶지
않아요.

소리만 들려서요. 두 분이 흑과 백으로 그림을 그리는
분들이기에 자연스레 공간에도 분위기가 옮겨 갔을 텐데,
동양화라는 장르를 먼저 이해하고 싶어요.
무나씨 익히 알고 계시는 산수화, 사군자, 전통적인
채색화나 수묵화 등을 아울러 동양화라고 말해요.
오래전부터 한국과 중국, 일본에서 공유하던 전통 그림인
셈이죠. 서양화를 그리는 작가에 비해 동양화 작가는 많지
않기 때문에, 모든 게 빠르게 변해가는 시대에 동양화를
전문으로 한다는 건 희소성이 있으면서도 까다로운
일이라고 생각해요.

선 하나도 쉽게 그리는 법이 없다고 하더라고요.
화란 우리나라가 동아시아의 한자 문화권에 속해
있잖아요. 글자 획이라는 게 선으로 이루어져 있기 때문에,

**각자의 작업에 대해서도 자세히 들어보고 싶은데요.
무나씨 작가님 책상엔 모래시계가 있던데, 어떤 이유가
있나요?**
무나씨 아, 그거 어떻게 보셨지? 항상 쓰는 건 아닌데
집중력을 높이기 위해서 곁에 두고 작업해요.
화란 무나씨가 제 남편이고 시어머니의 아들, 작가를
넘나드는 일상을 보내다 보니까, 작업 중이라는 분명한
표시가 필요하더라고요. 그렇지 않으면 제가 갑자기 빨래
좀 돌려달라고 불러낼지도 모르잖아요(웃음). 모래시계를
돌려두었다면 전부 흐를 때까지 작업에 집중하겠다는
의미로 받아들여요.

**그런 의미가 있었군요. 작년에 열린 아트부산에서
무나씨 작가님의 작업을 직접 봤어요. 작품이 크고 흑백이**

점·선·면 바실리 칸딘스키 차봉희 옮김

어떤 그림 존 버거의 다른 방식으로 보기

JOHN BERGER WAYS OF SEEING 다른 방식으로 보기 존 버거/최민 옮김

고백의 형식들 이성복 산문

한국현대미술사

초상들 존 버거의 에술가론 동 오버턴 엮음

동양화란 어떤 그림인가 조용진·배재영

한국현대미술사

예술에서의 정신적인 것에 대하여 바실리 칸딘스키 권영필 옮김

동양화란 어떤 그림인가 조용진·배재영

양의 예술

불교 강의

'미안 세계'(2023)

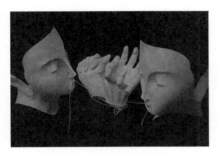

'연'(2024)

뚜렷해서 바라보기만 해도 압도되는 느낌을 받았는데요. 유독 마음에 대한 소재가 많더라고요.

무나씨 대학교를 졸업할 때 작가가 되기로 마음먹고, 내가 그릴 수 있는 게 무엇인지 고민해 봤어요. 그랬더니 내가 잘 아는 걸 그려야겠더라고요. 뜬금없이 외부 세계에서 벌어지는 현상이나 이론 등에 대해 설명할 수는 없으니까요. 그 당시에 제가 알 수 있는 건 오직 내 마음속에서 일어나는 것밖에 없었어요. 마음은 필요할 때마다 언제든 들여다보고 이리저리 뜯어볼 수 있으니까 소재로도 알맞다고 생각했죠. 그래서 처음에는 관계를 중심으로 작업을 선보였어요. 나와 타자 사이에서 벌어지는 갈등, 원하면서도 원하지 않는 이중성, 내가 이해하지 못하는 관계의 부산물 같은 것들요. 아트부산에서의 전시를 기점으로는 그 사이에서 보이는 감정 자체에 좀더 집중하고 있어요.

그 자체에 집중한다는 건 감정이 어디서 왔는지 기원을 찾아본다는 의미인가요?

무나씨 말씀처럼 감정이 어디서 비롯되었는지나 무르익는 과정이 주제가 될 수도 있고, 감정을 이루는 것의 특징과 그게 지나간 자리에는 무엇이 남았는지

등 다양하게 집중해 볼 수 있겠죠. 어릴 때는 독특하거나 처음 맞닥뜨리는 감정에만 몰두했는데, 지금은 깊이 있게 들여다보려고 해요. 그때 감정은 온전히 그때만 느낄 수 있는 거니까요. 저한테는 일종의 기록 같은 거예요. 평소에 메모나 일기를 적고 다시 읽어보는 과정에서 소재를 찾아내거나, 화란 씨와 나누는 대화에서 자연스레 그림으로 그려보고 싶은 심상이 떠오르기도 해요.

분명 나를 살피는 작업인데, 다른 사람의 존재가 필수라는 점이 흥미로워요.

무나씨 사람이 타인과 관계를 맺지 않는다면, 그 사람의 세상에서는 아무 일도 벌어지지 않을 거예요. 우리가 느끼는 모든 것은 결국 외부 세계에 반응하는 거잖아요. 가깝거나 먼 타인들과의 관계에서 끊임없이 의미를 얻게 되죠. 감정이 비롯되고, 상념이 일어나고, 편견이 생기기도 하면서요. 오로지 혼자인 곳에서는 세계가 부딪치는 일이 없기 때문에 어떠한 것도 얻지 못할 거예요. 그리고 꼭 사람뿐일까요? 자연이나 동물과도 마찬가지라고 생각해요. 방울이가 아침마다 저를 깨워서 산책 가자고 하면 괴로울 때도 있지만, 그 관계 속에서도 생각할 지점이 있기 때문에 주저 없이 길을 나서게 되거든요.

언제부터 이런 생각을 갖고 있었는지 궁금해요.

무나씨 음, 예전에는 혼자만의 자유를 굉장히 오랫동안 추구했어요. 여러 관계에 둘러싸여 있지만 자유를 갈망하고 극단적으로는 혼자 존재하고 싶다고 생각했죠. 그런데 그런 환경으로 저 자신을 밀어 넣어보니 모든 게 의미가 없어지더라고요. 그림을 그린다고 해도 누군가에게 보여주지 않으면 의미가 없어요. 내 표현을 보고 격하게 공감한다거나 감동을 받았다거나 또는 아쉽다거나, 상호작용이 필요한 거죠. 관계에서 오는 감정이 언제나 긍정적이지만은 않지만, 다양한 감정이 없는 삶은 너무나 건조하고 무료하다는 걸 깨달았어요.

한 사람이 진공 상태처럼 온전하게 혼자인 채로 존재할 수는 없으니까요.

무나씨 네. 타인과 마주하는 과정을 반복하면서 내가 세상과 연결되어 있다는 느낌도 얻게 된다고 생각해요. '무나씨'라는 이름도 결국 나와 관계되지 않은 건 없다는 의미로 지은 거예요.

요즘 작가님이 흥미롭게 바라보는 감정이 있다면요?

무나씨 미안함이에요. '미안 세계'라는 작품도 있는데, 미안하다는 건 굉장히 재미있고 또 중요한 감정 같아요. 상대방에 대한 배려와 후회, 고마움, 분노와 용서가 다

들어 있잖아요. 미안함은 우리가 외면할 수 없는, 가장 원초적인 감정이 아닐까 싶어요.

작가님 그림엔 마음을 표현하는 상징적인 캐릭터가 등장하죠. 가는 눈은 감거나 아래를 보고 있고 표정이 없어요. 언제나 맨발에다가 귓불은 길게 늘어져 있고요. 어떻게 구상한 거예요?
무나씨 제가 보고 싶어 하는 얼굴인가 봐요. 어릴 때 아이들이 인형 놀이로 감정을 드러내는 것처럼, 저한테는 그 캐릭터가 나를 대변하는 인형 같은 거죠. 어떤 분들은 부처가 떠오른다고 하시던데 가벼운 낙서에서 시작된 그림이라 부처를 의식하며 만들진 않았어요.

이번에는 화란 작가님 이야기도 들려주세요. 금박 작업, 서예, 인물화까지 동양화를 여러 방식으로 풀어내고 있죠?
화란 봐주신 것처럼 지금은 다양한 작업을 하는 시기예요. 작업 세계가 명확하게 굳어지기 전에 재료를 폭넓게 써보면서 공부하는 게 훗날의 자양분이 될 거라고 생각했어요. 저는 인물화를 잘하는 사람이 되고 싶거든요. 그런데 인물화를 자세히 보면 전부 선으로 이루어져 있어요. 뭉툭하고 뭉개져 있기보다 예리하고 날카로운 선이라, 정확하게 선을 그리고 싶어서 시작한 게 서예였어요. 서예로 인물화의 기반을 닦은 지는 4년이 넘었는데 매주 한 번 있는 수업을 빠진 적은 다섯 손가락 안에 꼽아요.

관계나 감정, 마음 같은 건 눈에 보이지 않는데요. 보이지 않는 걸 드러내는 일이 까다롭진 않나요?
무나씨 (잠시 고민한다.) 사실 아까부터 자꾸 예상치 못한 질문이 나오는데….
화란 (웃음) 보내주신 질문지를 무나씨가 오늘 아침까지 꼼꼼히 보고 답변을 준비했거든요.
무나씨 그래도 잘 정리해서 대답해 본다면, 보이지 않는 것을 드러내는 게 작가가 세상에 할 수 있는 일이라고 생각해요. 명징하게 보이는 세계에서는 과학자나 분석가의 몫이 큰 것처럼, 또렷하지 않은 감정이나 영혼을 어루만지는 문제에서는 예술가가 유일하게 전할 수 있는 부분이 있을 테니까요. 그리고 꼭 명확하게 드러낼 필요도 없어요. 그럴 수도 없고요.

대단해요. 수련의 마음으로 한 거네요.
화란 그런 것 같아요. 무엇 하나를 꾸준히 한다는 성실성을 증명한 것 같아 스스로 만족감을 느끼기도 하고요.

서예 이외에도 탐구하는 재료들이 궁금해요.
화란 한때는 금박이나 전통 방식인 가루형 물감을 탐구했어요. 지금 쓰는 재료는 편채라는 건데, 고체 상태인 물감 원료의 편을 썰어둔 거예요. 작은 조각을 접시에 두고 물을 넣으면 물감으로 우러나오는데 맑은 종이나 비단 위에 올라가기 알맞죠. 워낙 다양한 재료에 푹 빠졌던 터라 그 이야기를 사진과 글로 옮겨서 '보소Bo So'라는 작은 매거진을 만들어보려고요.

또 다른 나를 알게 되는 사이

인스타그램에서 두 분의 작업 영상을 보면 명상하는 기분이 들어요. 서두르지 않고 붓질마다 신중히 움직이기 때문인 것 같은데, 하는 사람의 마음도 그런가요?

무나씨 저는 작업할 때가 마음이 가장 평화로운 상태예요. 최대한 그 시간을 오래 갖고 즐기고 싶기 때문에 그림을 그릴 때도 서두르지 않아요. 의미 있는 행위를 하고 있다고 생각하니까 내면의 불안함도 낮아지고요.

화란 물론 일상에서 느긋하게 작업만 하는 건 아니에요. 보통 아침 먹고 뒷정리를 마친 후에 무나씨가 두 잔의 커피를 갖고 올라오면 작업을 시작하는데요. 둘 다 중간중간 집안일을 하거나 가족들 식사를 챙겨야 해서 정해진 시간 없이 틈나는 대로 작업하곤 해요.

이쯤에서 작가님들의 인연이 궁금한데요. 처음에는 어떤 계기로 만나게 되었어요?

무나씨 대면하기 전에는 서로 인스타그램에서 팔로우만 해둔 사이였어요. 화란 씨가 작업실에서의 모습을 올리곤 했는데 저한테는 되게 낯익은 풍경으로 느껴지더라고요. 창틀이라든가 콘센트라든가, 언뜻언뜻 비치는 주변 산책로까지도요. 알고 보니까 제가 옛날에 쓰던 작업실이 서촌에 위치한 건물의 5층이었는데, 화란 씨는 3층을 쓰고 있었던 거예요. 너무나 반가운 마음에 그때부터 인스타그램에서 아는 척을 했죠.

화란 그 작업실이 진짜 오래된 건물이었거든요. 낡은 데다가 2-3평 정도로 조그마한 작업실이었지만 저한테는 첫 공간이라 애정이 가득했어요. 무나씨에게 연락이 왔을 때, 서촌에서 이렇게 낡고 사람들이 별로 찾지도 않는 건물에서 작업한다는 점에서 결이 통한다고 느꼈죠.

누군가에겐 별거 없이 지나칠 작은 요소가 두 사람이 가까워지는 계기가 되었네요. 그 이후로는요?

화란 그때 취미로 플루트를 배우고 있었는데 알고 보니까 무나씨도 같은 선생님께 수업을 듣고 있던 거예요. 작은 우연이 겹치는 게 정말 신기했죠(웃음). 선생님께서도 그 소식을 알고는 셋이 함께 만나자고 연결해 주셨고, 무나씨 전시회에 초대를 받게 됐어요.

무나씨 첫 만남에 굉장히 인상 깊었던 게, 화란 씨가 저를 위한 선물로 술 한 병을 사 왔어요. 오자마자 그걸 건네더니 자기 이야기를 하기 시작하는 거예요. 요즘 얼마나 행복한지에 대해서도 들려주는데, 그날 만난 많은 사람 중에서 유일하게 전시에 대해 아무 말도 안 하더라고요(웃음). 그렇게 한두 시간 이야기를 나누다가

제가 먼저 전시를 봤는지 물어보니까 하나도 안 봤대요.

화란 작가님, 이거 어떻게 된 거예요(웃음)?

화란 무척 들떠 있었나 봐요(웃음). 저에게 무나씨는 작품의 주제도 묵직하고 예민하게 느껴져서 가까워지기 어려운 사람일 것 같았어요. 그런데 같은 건물에서 작업을 했고 함께 플루트를 분다는 것만으로 일말의 경계심도 사라져버린 거예요. 작품을 좋아하는 팬으로서 그저 만남이 반가웠고요.

무나씨 저는 그런 모습이 새롭고 좋았어요. 또 인연이라고 느낀 게, 둘이 마음의 상황이 비슷했다는 거예요. 저는 그때가 어둠의 터널을 뚫고 나와서 방울이도 만나고 자존감을 높이 세워보던 시기였는데, 화란 씨도 활발하게 활동하면서 이런저런 좋은 일이 생기던 때였어요. 각자 자존감이 충만한 상태였으니까 자기 자신을 아끼고 사랑할 줄 아는 모습이 긍정적으로 다가온 거죠. 만약 내가 결혼한다면 자신을 먼저 돌볼 줄 아는 사람과 하고 싶다고 생각했거든요.

화란 내 모습이 나한테 만족스러우니까, 상대방에게 억지로 잘 보이려는 노력이 없었어요. 온전한 나를 보여줄 수 있었죠.

여러 번의 우연이 만들어준 인연이네요! 그즈음 각자의 작업실을 하나로 합쳐서 썼다고 알고 있어요.

무나씨 혼자만의 공간을 누군가와 나눠 써야 한다는 점이 불안하기도 했어요. 그런데 오히려 좋은 부분을 발견하는 계기가 됐어요. 우리가 같은 분야를 전공한 작가라서, 서로의 작업을 깊이 존중해 줄 수 있었던 거죠. 각자의 작업에 대해 섣불리 칭찬을 하거나 비판하지 않기 때문에, 내 작업이 상대방에게 어떻게 보일까 전혀 신경 쓰지 않아도 되는 점이 좋았어요. 그건 지금까지도 마찬가지예요.

좋은 무관심이네요.

무나씨 네. 건강한 무관심인 거죠.

같은 장르를 다루는 동료이자 가족으로서 서로 기대하는 점도 있겠죠.

화란 저는 무슨 일이 있더라도 무나씨가 자기 작업을 중요도에서 후순위로 미뤄두지 않길 바라요. 그게 저한테 되게 중요해서, 최대한 무나씨가 작업할 수 있는 시간을 만들어주고 싶어요. 물론 남편이자 가장으로서 집안일이나 경조사처럼 같이 해야 하는 일이 많다 보니 쉽지 않지만요.

그런 점을 바라게 된 이유가 있나요?

화란 음, 이런 마음은 존중이라고 생각하는데요. 얼마 전에 무나씨와 대화하면서 깨달은 게, 제가 이 사람을 귀하게 대하면 저도 귀한 대접을 받더라고요. 내 기분이 좋길 바라고, 내 작업이 존중받고 싶으면 내가 먼저 무나씨의 작업과 그 사람을 대하는 태도에 귀함을 담아야 한다는 거죠. 그럼 몇 배는 더 크게 돌아오기도 해요. 우리가 부부 사이이면서 동료이기에 그런 게 아닐까 싶어요.

무나씨 화란 씨 말을 듣는 제 마음도 똑같아요. 결혼했다고 자신을 희생하거나 하고 싶은 일을 주저하지 않았으면 좋겠어요. 저한테 너무 맞출 필요도 없이 처음 만났을 때처럼 화란답게 있어주길 바라요.

혼자보다 함께일 때 내가 알던 세계가 넓어질 텐데요. 함께 지내면서 일상의 의미가 이전과 다르게 느껴질 때가 있는지 궁금해요.

무나씨 혼자 있을 때는 하루가 비슷하니까 시간이 짧게 느껴지는데, 화란 씨와 같이 산 2-3년은 엄청 길게 느껴져요. 일상의 밀도가 높아진 거죠. 그리고 혼자일 때는 1년 중 기억에 남는 날이 별로 없는데 지금은 사소한 것도 의미를 부여하곤 해요. 뭐랄까, 수명이 늘어나는 기분이에요.

애틋한 이야기가 이어지는 와중에 짓궂은 질문도 하나 할게요. 두 분… 다투기도 하세요?

화란 물론이죠. 별것 아닌 일로 다투지만 그래도 화해는 꼭 싸운 당일에 하려고 해요. 만약 하루가 넘어가 버리면

각자의 세계가 따로 또 같이, 온전하게 존재하길 바라는 마음이네요.

화란 요즘 그런 생각으로 하는 작업이 있어요. (벽에 걸어둔 자신의 그림으로 안내한다.) 여기 보면 네 개의 네모가 서로 지탱하고 있는데요. 서로 배려한답시고 네모를 둥글게 깎아버리면 본질을 잃어버려요. 하지만 각과 면이 온전하게 존재하면서 뾰족함과 부드러움의 사이를 깨닫는다면 조각끼리 부딪치더라도 모양을 유지할 수 있죠. 네모 조각들의 어떤 면에는 은박을 붙여 반짝임을 표현했는데, 건강한 관계에서 오는 의미를 뜻한 거예요. 또 어려운 상황이더라도 자신의 모양을 잃지 않으면 접점을 통해 에너지가 채워질 테니, 서로 무너지지 않도록 기댈 수 있는 관계가 되어야 한다는 걸 그림으로 표현해 보고 있어요.

그날 새벽에 감정이 심하게 요동치더라고요. 이미 제 머릿속에선 서운한 일이 꼬리에 꼬리를 물고 책을 여러 권 써서 결말까지 내버리고 끝내는 거죠. 무나씨는 오해한 상태로 잠들면 악몽도 꾼대요 (웃음). 그래서 싸운 날, 밤새 이야기하더라도 꼭 풀어요.

무나씨 저도 속상하지만, 상대방도 저 때문에 속상할 테니 먼저 미안하다고 하는 편이기도 해요. '내가 먼저 사과하나 봐라!' 이렇게 하면 서로 괴로우니까요. 내심 듣고 싶어 할 말을 생각해 보는 거죠.

나와 당신이 중첩된 그곳에서
나는 그래서 커다란 공포를 느낌과 동시에
커다란 자유를 느낍니다.
나를 잃어버림으로써 드디어 나는 나의 한계로부터

해방되는 것을 느낍니다.
내가 비로소 살아 있음을 느끼고
그것이 무한할 것이라 믿게 됩니다.
— 무나씨 작가의 전시 〈미묘〉의 소개 글 중에서

최근 전시 〈미묘〉의 소개 글을 인상 깊게 봤어요. 나에게 커다란 공포와 동시에 자유를 주고, 한계로부터 해방되게 만드는 건 바로 '사랑'이 아닐까 싶었어요.
무나씨 사랑이라고 언급하진 않았지만 염두에 두고 쓴 게 맞아요. 지금까지 여러 감정을 다뤄왔는데 사실 사랑을 말한 적은 한 번도 없어요. 이전에는 갈등, 모순, 외로움, 고독처럼 부정적으로 닿는 감정이 많았죠. 그런데 화란 씨를 만나면서 느끼는 행복을 말하고 싶은데, 사랑이라고 뭉뚱그려 표현하기에는 부족한 것 같은 거예요. 시간이 더해갈수록 깨닫는 감정의 작은 요소들을 꺼내보고 싶어서 사랑이라는 단어를 직접적으로 사용하지 않고 써봤어요.

사랑하는 존재 곁에서는 왜 나를 잃어도 불안하지 않을까요?
무나씨 또 다른 나를 알게 되기 때문 아닐까요? 화란 씨를 만나기 전에는 나의 자유가 절대 침범받아서는 안 되고 경계를 넘는 순간 방해라고 생각했어요. 같은 공간에서 생활하는 이제는 오히려 다른 종류의 자유가 있다고 깨닫게 됐죠. 좀 뻔한 표현일 수도 있지만, 서로를 완전하게 믿음으로써 꼭 맞물리며 움직인다는 느낌을 받았을 때에 느껴지는 자유도 있더라고요. 따로 또 함께가 가능해진 지금이 더 온전한 자유를 즐긴다고 생각해요. 예전에는 감정의 중간 지대가 있는 게 너무 싫었는데, 지금은 그 중간에 있는 미묘한 것들도 찬란할 수 있다는 걸 알게된 것 같아요. 그 안에서 새로운 나를 발견하는 일도 재미있고요.

계속 곱씹어보게 되는 이야기예요. 마지막으로, 함께 늙어갈 존재가 곁에 있다는 것에 대해 생각해 보고 싶어요. 어떤 모습으로 나이 들고 싶어요?
무나씨 지금이랑 똑같이, 가족이자 동료로서 좋은 영향을 주고받는 사이로 나이 들고 싶어요. 아, 그리고 둘 다 하얀 머리가 되면 좋겠네요. 할아버지가 된 제가 전시를 열면, 화란 씨가 찍어준 저의 모습을 전시장에 걸어두고 싶어요. 캡션에는 '작업 도중 아내 화란이 찍어준 사진'이라 쓰고요.

기분 좋은 상상을 엿봤네요. 화란 작가님은요?
화란 저는 닮고 싶은 부부가 있어요. 예전에 〈인간극장〉에서 작곡가 할아버지와 책을 좋아하는

할머니가 나온 적이 있어요. 책이 잔뜩 쌓인 집에서 소박하게 식사를 차려 먹고, 서로 나긋한 목소리로 대화하세요. 할아버지께서 매일 아침 할머니께 드립 커피도 내려주시더라고요. 그 모습이 정말 보기 좋았어요. 사실 그래서 무나씨에게 매일 커피를 부탁하기도 해요(웃음). 그걸 대접받는 게 제 행복이라서.
무나씨 그래서였구나. 그럼 평생 해줘야겠네요.

두 사람의 마음은 한 사람의 것처럼 닮았다. 일상을 함께하는 지금을 충분히 행복하게 생각하는 그들에게서 또렷한 사랑이 보였다. 자세히 보니 그 사랑은 몇 번의 우연이 만든 게 아닌 듯하다. 나를 먼저 온전히 아낄 줄 아는 마음과 상대를 올곧게 바라보고 존중하는 태도, 더불어 주고받는 감정의 소중함을 알아차리는 것까지. 서두름 없이 완성한 사랑이 선연하게 반짝인다.

Niko Niko and Shiku Shiku
지구에서 가장 폭신폭신한!

미사키 카와이—아티스트

에디터 이주연(산책방)
사진 Justin Waldron

네모난 캔버스와 프레임에 담긴 고고한 예술들, 그 옆에 언제나 붙어 있는 '손대지 마시오' 작지만 강경한 경고 문구들. 나는 전시회에 가면 언제나 작고 조용한 사람이 되었다. 인기척을 최대한 지우는 게 예의라 믿었다. 미사키 카와이를 만나기 전까진! 그의 작품은 네모를 벗어난다. 마음껏 주무르고, 끌어안고, 손가락으로 살살 건드려도 좋다. 그런 자유로운 손길을 궁금한 듯 바라보는 소녀 '포코'를 만날 수도 있는 천진한 예술의 장. 나는 그 세상을 사랑한다. 하트 눈, 삐죽이는 입, 바깥으로 흩어지는 눈물방울, 이 모든 걸 가능하게 하는 엉뚱한 세상에서 끝끝내 무구한 사람이 되는 경험. 나는 그 안에서 인간도 동물도 아닌 말랑말랑한 크리처가 된다. 아주 기껍게!

인생은 '싱글벙글'로만 이루어지지 않아요,
'훌쩍훌쩍' 역시 우리네 인생이에요!

틈새에 피어나는 코미디

바쁜 나날을 보내고 있죠. 한국, 태국, 코펜하겐, 그리고 노르웨이까지! 빡빡한 일정이 이어지는 요즘, 어떻게 지내요?

밥을 먹고, 밥을 먹고, 또 밥을 먹으면서 뭔가를 만들어요. 아트라고 부르는 뭔가를! 곧 스타방에르와 베르겐에서 전시가 열릴 계획이라 얼마 전까지는 노르웨이에 있었어요. 도시 곳곳을 즐기면서 재미있게 준비했죠. 지금 우리 가족은 노르웨이에서 막 떠나 덴마크에 와 있어요. 지금은 밥 대신 어디에서나 빵을 먹고 있죠(웃음).

미사키 카와이Misaki Kawai의 작업만큼 당신이 사용하는 단어와 문장들을 좋아해요. 그간 해온 인터뷰를 읽으면서 톡톡 튀는 유머에 자주 웃었어요. 독자들에게 직접 소개해 주실래요?

저는 미사키 카와이예요. 일본의 코미디 1번지, 코미디의 수도 오사카 출신이죠. 오사카의 일상에는 유머가 가득해요. 심지어 오사카엔 코미디 대학도 있어요. 그런 도시에서 나고 자란 덕에 저는 코미디를 정말 사랑해요. 제 소개를 해야 하는데 오사카 소개를 하고 있네요(웃음). 저를 한마디로 표현하자면 'No Rice, No Life!' 저는 일본인이기 때문에 저의 대부분은 밥으로 이루어져 있어요. 조금 더 보태자면 간장과 면(웃음).

미사키 카와이 인스타그램 소개 문구이기도 하죠, 'No Rice, No Life!' 한 번 본 뒤로 잊을 수가 없어요(웃음). 저는 사람들의 이름 뜻을 궁금해하는 편인데, 미사키 카와이 이름엔 어떤 의미가 있어요?

'강가에 아름다운 꽃이 피다.' 좀 몽환적인 느낌이죠?

고요하고 청아하네요. 이번 호에서는 가족 이야기를 다루어보려고 해요. 미사키 카와이 전시장에 종종 딸

'포코Poko'가 함께하곤 하죠. 미사키 카와이의 가족을 소개해 주실래요?

저는 무얼 하든 항상 배우자 저스틴Justin, 딸 포코와 함께하고 있어요. 어디든 자유롭게 여행하면서요. 저스틴은 카메라와 커피를 좋아하고, 포코는 도라에몽과 닌자를 사랑해요. 우리는 매일 함께 밥을 먹는 사이예요. 그리고 하나의 팀이죠. 라이프 팀!

가족 사이에서도 미사키 카와이가 추구하는 코미디가 펼쳐지곤 하겠죠? 요즘은 어떤 재미를 누리며 지내고 있어요?

우리는 여행 중에서도 특히 아시아 여행을 좋아해요. 로컬 마켓을 구경하고 현지에서 식사하는 걸 즐기죠. 요즘은 계속 이곳저곳을 여행했기 때문에 이런 재미를 마음껏 누릴 수 있었어요. 해외 곳곳에 있는 친구들을 오랜만에 만나기도 했고요. 최근에는 중국에 다녀온 게 특히 좋았어요. 상하이의 스포츠 브랜드 앙코라우Ankorau 팀과 함께 상하이에 한 달 동안 머물렀는데, 매일 같이 일하고, 또 매일 놀며 보냈죠. 등산하면서 함께 절경을 즐기기도 했고요. 중국 저장성 남서쪽 깊은 곳엔 제 일본인 친구 가족이 살고 있는데요, 중국에 간 김에 오랜만에 만나 많은 이야기를 나누었어요. 포코는 세 명의 소년과 강가에서 수영하는 걸 아주 좋아했죠. 친구 가족은 4개월간 자동차로 여행을 떠날 예정인데, 우리는 그들이 떠나기 전 마지막 만찬을 함께했어요. 닭요리였죠.

역시 미사키 카와이는 먹는 걸 좋아하고 또 중요하게 생각하는군요. 여러 인터뷰에서 미사키 카와이의 어린 시절 이야기를 읽었어요. 어머니는 옷과 인형을 만들고, 아버지는 건축가셨다고요. 굉장히 자유로운 환경에서 자란 것 같아요.

맞아요! 저의 부모님은 항상 제가 원하는 걸 자유롭게 할
수 있도록 해주셨어요. 그리고 언제나 함께 놀이를 하곤
했어요. 일본이라는 국가 안에서 우리는 할 수 있는 한
자유롭게 지냈어요. 저는 아주 어릴 때부터, 그러니까
기저귀를 차고 있을 때부터 그림을 그렸는데요. 어머니는
제가 어렸을 때 만든 많은 걸 간직하고 있어요. 자전거
타기에 처음 성공했을 때 만든 그림책 같은 거요(웃음).

**무척 귀중한 자산이네요. 어릴 때 티브이를 보지
않았다고 들었어요. 주로 밖에서 뛰어놀거나 인형 놀이를
했다고 하던데, 어린 시절 이야기를 좀더 들려줄래요?**
티브이를 아예 보지 않은 건 아니에요. 가끔 〈도라에몽〉
같은 걸 보면서 상상의 나래를 만들곤 했죠. 영상에 너무
많이 노출되는 건 좋지 않지만, 어느 정도 즐길 필요는

친구들이 제 그림을 보고 "미사키 카와이가 ○○를
그렸다!" 하면 다들 돌려 보면서 웃고 즐기던
시절이었지요. 운이 좋게도 전공 교육 역시 저한테
잘 맞았어요. 제가 다닌 교토의 미대는 다른 대학에 비해
자유로운 분위기였거든요. 정형화된 커리큘럼에 구속되지
않고, 교육 과정도 느슨해서 작업에 제약이 없었어요. 그건
굉장한 행운이었죠.

**미사키 카와이와 자유는 떼려야 뗄 수 없는 관계 같아요.
미국 서부 여행 중에 "네가 예술가라면 뉴욕에 가야
한다."고 말하는 남자를 만났다는 에피소드도 흥미로워요.
정말 뉴욕으로 가서 직접 그림을 팔기도 했었다고요!**
그 아저씨 얼굴이 지금도 기억나요. 샌프란시스코
근처에서 꽃집을 하던 아저씨였는데, 그의 친구가 뉴욕에

있다고 생각해요. 영상을 통해 생각이 넓어지고 상상력이
피어나기도 하니까요. 영상은 때때로 우리 뇌에 창작의
영역을 만들어주는 역할을 해요. 〈도라에몽〉처럼요(웃음).
저는 어릴 때 상상을 정말 많이 하던 어린이였어요. 상상할
때마다 제가 자유롭다고 느꼈죠. 저는 가끔 티브이를
보았고, 대체로 남자 형제와 노는 걸 좋아했어요. 우리는
낮은 탁자를 옆으로 돌려 그 뒤에 숨어서 놀곤 했죠.
우리 손에 닿는 모든 것이 인형극 재료였어요. 무엇이든
활용해서 무대를 펼쳤거든요. 어머니가 지역 인형극단에서
활동하셔서 인형극을 자주 보러 다녔는데, 거기서
아이디어를 얻어 우리만의 인형극을 만들곤 했죠.

학창 시절은 어땠어요?
반 친구들과 선생님 얼굴을 자주 그리던 학생이었어요.

살고 있다고 하면서 뉴욕은 영감으로 가득 찬 도시라고
했죠. 그리고 뉴욕은 정말 저를 아티스트로 만들어줬어요.
저는 아저씨의 이야기를 듣기 전부터 뉴욕에 꼭
가보고 싶었어요. 그곳은 예술을 만드는 곳이라고
생각했으니까요.

**어디에 머무느냐는 삶에, 또 창작에 많은 영향을 미치죠.
지금 미사키 카와이 가족은 어떤 곳에 살고 있어요?**
우리는 코펜하겐에 삶의 뿌리를 두고 있지만 여름에만
그곳에 가요. 그리고 겨울엔 주로 쌀의 나라, 아시아에
머물죠. 일본, 태국, 라오스, 중국, 그리고 한국!

말랑말랑한 무지개 가이드

미사키 카와이의 예술 친구는 단연 포코라고 생각해요.
포코는 저의 뇌를, 우리 가족의 뇌를 계속 마사지해 줘요.
아주 순수한 장난기로 가득 차 있거든요. 그런 포코와 계속
즐기며 여행을 다닐 수 있다는 게 좋아요. 포코와 함께
있는 것만으로도 영감이 떠오르고, 같이 여행을 떠날 때면
아이디어는 더욱 풍성해져요. 우리는 미국의 가정교육
커리큘럼을 활용해서 직접 교육해 나가고 있어요. 포코는
현재 커리큘럼 12등급 중 3등급을 이수하고 있죠.
가정교육이기 때문에 식구들이 모든 시간을 함께할 수
있다는 게 가장 좋아요. 다른 교육 방법을 채택하지 않는
이상 이렇게 계속 함께 여행을 다니겠지요. 우리가 원하는

되기도 하잖아요! 저는 그런 순간들을 표정으로 표현하는
걸 좋아해요.

어린이와 어른 모두 놀이를 통해 배울 수 있다고 했죠.
요즘 미사키 카와이는 어떤 놀이를 하고 있어요?
제 삶의 대부분이 놀이예요. 요즘은 일본어로 저만의
신조어를 만드는 걸 좋아하고, 여행을 다니는 것 또한
놀이로 생각해요. 포코와는 항상 놀이를 하고요! 우리는
최근에 '토마-토마-토마토'라는 노래를 만들었어요.
포코에게서는 매일 순수한 아이디어가 샘솟기 때문에 함께
놀다 보면 함께 뭔가를 만들어내게 돼요. '토마-토마-

건 딱 하나예요. 포코가 스스로 관심사를 찾고 행복한 삶을
살아가는 것! 그럴 수 있도록 지켜보고 함께 있는 것이
우리 역할이라고 생각해요.

포코, 애니메이션에서 나올 법한 귀여운 이름이에요.
포코 이름엔 어떤 의미가 있어요?
포코의 한자를 풀면 이렇게 읽혀요. '무지개 위를 걷는다.'

왠지 기분이 좋아지는 이름이에요. 천진하고 자유로운
미사키 카와이 작업에서 제가 특히 좋아하는 부분은
표정이에요. 어떤 작업이 탄생할지 예측하기 어렵지만,
항상 표정만은 기대하게 되더라고요.
우리는 누구나 다양한 표정을 가지고 있어요. 생각해
보세요, 때로는 눈이 하트가 되기도 하고, 별 모양이

토마토'처럼요(웃음). 포코와 저, 그리고 우리 가족은 지금
하나의 팀처럼 움직이고 있어요. 매시간 함께 지내면서
우리의 모든 부분이 결합될 수 있다는 걸 매일매일
발견하고 있어요. 포코의 가정교육도, 작업도, 저스틴의
사진 작업도 모두 하나의 팀처럼 연결돼서 함께하고
있거든요.

이쯤 되니 미사키 카와이가 생각하는 육아가
궁금해지는데요.
인내심이 필요한 것, 말랑말랑하고 유연한 것. 무지개의
비전 가이드!

어느 인터뷰에서 '우리는 키티의 똥을 볼 수 없다'는
것에 관해 이야기한 적이 있죠. 미사키 카와이가 작품을

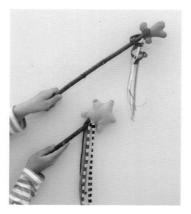

포코와 함께 만든 작품

'Arty'(2012)
The Watermill Center, New York
Image courtesy of the Artist and The Watermill
Center, New York

통해 보여주려고 하는 것은 잘 가꿔진 아름다움만은
아닌 것 같아요.
인생은 '싱글벙글'로만 이루어지지 않아요, '훌쩍훌쩍'
역시 우리네 인생이에요!

문득 미사키 카와이가 그리는 것들의 정체가
궁금해지는데, 그건 결코 '인간'이 아니죠. 그것들은…
뭐죠?
크리처(웃음)?

미사키 카와이 작품에서 좋아하는 점 중 하나는 네모난
캔버스에서 벗어난다는 점이에요.
흔히 예술품은 만져서는 안 되고 조심스럽게 다루어야
한다는 인식이 있어요. 많은 사람이 예술은 진지해야 하고
완벽해야 한다고 생각하죠. 그렇지만 저는 너무 진지하지
않고 너무 완벽하지도 않은 예술을 하고 싶어요. 그래서
스킨십할 수 있는 작품이 좋아요. 촉감을 느낄 수 있는
그런 것들이요. 푹신푹신한 작품, 맛있는 작품!

그래서 미사키 카와이의 작품이 좋아요. 원한다면
언제든 가방에 달 수도 있고, 집 소파에 두고 끌어안을
수도 있으니까요. 제가 지금부터 세상의 모든 조건과
제약을 없애 볼게요. 당신의 작업이 어디에서 펼쳐지길
바라요?
우주! 저는 우주 전시회를 열고 싶어요. 그럼 외계인이
찾아올 수도 있겠죠?

외계인도 분명히 좋아할 거예요(웃음). 시대가 변하면서
가족의 형태도 계속 변하고 있어요. 그 모습은 앞으로 점점
더 다채로워질 텐데요. 미사키 카와이가 꿈꾸는 이상적인
가족은 어떤 모습이에요?
저는 판다와 다람쥐와 함께 있는 걸 아주 좋아해요.
푹신푹신한 여행자가 되어서 지구상의 모든 생명과
가족을 이루고 싶어요. 나무에 앉은 새, 산속에 있는 동물,
길에 있는 고양이 모두요! 모든 생명체가 푹신푹신한
여행자의 가족이 되는 거죠.

미사키 카와이의 대답은 어디로 튈지 모르겠어요.
그래서 더 재미있고 유쾌했어요. 한국에서 여전히 많은
사람이 미사키 카와이를 기다리고 있는데 앞으로의 소식도
전해 주실래요?
일본에서 새로운 집을 찾으려고 해요. 제가 사랑하는
주먹밥 마을에! 새로운 터전을 일구면 맛있는 김치를 들고
놀러 오세요. 아, 조만간 키티버니포니와 새로운 아이템을
선보일 예정이니 곧 들려올 소식도 기대해 주세요!

어디로 튈지 알 수 없는 미사키 카와이의 말들. 우문과
현문을 오가는 질문 사이로 미끄러지듯 들어오는 엉뚱한
답변에 마음껏 웃으며 함께 미로를 헤맨 기분이다.
촘촘하지 않아 더욱 즐겁고, 완벽하지 않아 마음껏
자유로운 이야기! 그 틈새로 천진함이 스며들어 미사키
카와이만의 코미디가 완성되고 있다. 소파에 앉아 미사키
카와이의 '모코 모코 파치 파치 쿠션'을 끌어안고 상상했다.
어느 나라에 있든, 어떤 도시에 있든 그 구석구석까지
신이 나게 훑으며 뛰어다니는 한 가족을, 어디서든 놀이를
찾아내고야 마는 귀여운 가족을. 매일 밥을 함께 먹으며
주먹밥 마을에 집 지을 상상을 하고 있는 이 작은 가족은
오늘도 생각할 테지. 'No Rice, No Life.' 하고!

우연히 한 유튜브 채널에서 어떤 이의 일상을 들여다보게 되었다. 영상으로 자신을 기록하는
고건녕은 수수한 얼굴로 카메라 앞에 서서 직접 요리를 해 먹고 가족과 오붓한 시간을 보내며
일을 한다. 그러다가도 혼자서 훌쩍 길을 나선다. 걸음 닿는 곳은 영 낯설지 않지만 자기 자신과
일상을 소중하게 대하는 그의 태도는 흔치 않고 귀중하다. 나의 마음에 귀 기울일 줄 알기에
기꺼이 혼자가 되었다가, 사랑하는 존재들의 이름을 연신 불러보는 그의 곁에 잠시 머물러본다.

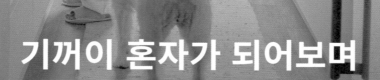

기꺼이 혼자가 되어보며

고건녕—콘텐츠 크리에이터

에디터 이명주
포토그래퍼 임정현

초대해 주셔서 감사해요. 유튜브 채널을 구독하고 있는데 직접 만나니 반가워요.

저도 반가워요. 말씀하신 것처럼 '덱시Dexy'라는 채널을 통해 일상과 생각을 담은 영상을 만들고, 최근에는 프리랜서 번역도 시작한 고건녕입니다. 자기소개가 별거 없죠? 영상에서는 혼자 있으니까 편안하게 말하는데, 누군가를 앞에 둔 채로 말하려니 기분이 다르네요.

본명이 '건녕'이라는 건 처음 알았어요. 독특하고 매력적이네요.

발음이 쉽지 않다 보니 처음 만난 사람들에게 항상 두 번씩 알려줘야 했어요. '안녕' 할 때의 '녕'이라고 짚어주거나요(웃음). 남자 이름 같다는 소리도 자주 들어서 어릴 때는 별로 좋아하지 않았는데, 요즘에는 제 이름을 좋아하게 됐어요. 오늘도 건녕이라고 불러주세요. 여기 대추차랑 간식도 드시고요.

구수하면서도 달큰한 맛이 좋아요. 건녕 씨 가족도 소개해 줄래요?

저와 남편, 반려견 마농이까지 세 식구예요. '연이'라는 애칭으로 부르는 남편은 지금 회사를 갔는데 아마 오늘 대화 중에 이름이 자주 등장할 것 같네요(웃음). 저희가 서울로 오기 전엔 제주에 있었는데, 마농이는 그때부터 함께 살았어요. 저와 연이가 직장인일 때는 집을 비우는 시간이 기니까 새로운 가족을 맞을 생각은 하지 못했는데, 결혼 후에는 제가 퇴사하게 되면서 마농이를 데려왔죠. 유기견 센터에서 만난 친구라 다섯 살로 추정해요. 마농이라는 이름은 떠오르는 단어들을 한가득 모아두고 그 안에서 골랐어요. 제주 방언으로 '마농'이 마늘이라는 뜻이더라고요. 마침 마농이가 마늘색이기도 하고요.

방금 마농이가 제 다리 위에 얼굴을 올려뒀어요. 아, 정말 귀엽네요(웃음).

에디터님이 마음에 들었나 봐요. 쓰다듬어주는 것도 좋아해요.

반려동물을 키우는 분들은 일과가 그 친구들에게 맞춰지기도 하더라고요. 건녕 씨는 어떤가요?

에디터님이 오시기 바로 직전에도 산책을 다녀왔는데, 언제나 아침은 마농이와의 걷기로 시작돼요. 가끔 몸과 마음이 무겁거나 컨디션이 좋지 않은 상태로 일어날 때가 있잖아요. 하다못해 날씨가 궂은 날이거나요. 그럴 때 마농이와 산책을 잘 다녀오면 하루의 시작이 거뜬해져요. 그 이후의 일과는 정확히 짜여 있다기보다 꼭 해야 할 일만 정해두는 편이에요. 아침 챙겨 먹기랑 운동은 빼놓지

않는 일과이고, 6월쯤 제가 처음으로 번역한 책이 출간될 예정이라 바쁘게 지내고 있어요.

번역 작업 이야기를 좀더 들려주세요.

영미권 에세이를 한국어로 번역하는 작업이에요. 2020년에 7급 공무원을 퇴사한 뒤에 내가 가진 걸로 할 수 있는 일이 무얼까 고민했어요. 외국어를 좋아하고 책을 읽거나 글 쓰는 걸 좋아하니까 단번에 떠올린 게 번역이었죠. 이번 작업이 번역 아카데미를 수료한 후 정식으로 처음 해본 거라 저와 잘 맞는 일인지 살펴보는 중이에요. 책이 나오면 성취감은 있겠지만 조금 부끄러울 것 같아요(웃음).

아까 제주에서 살았다고 했는데 서울로 오게 된 계기가 궁금해요.

제가 세종시에서 일하다가 제주로 발령받았어요. 같은 시기에 남편도 지금 일하는 회사에서 제주로 발령받게 되어서, 그곳에서 지내게 된 거죠. 시간이 지나고 제가 일을 그만두었을 때 마침 남편이 다시 서울로 이동하게 되면서 꼭 제주에 머물러야 할 이유가 사라졌어요. 처음에는 경기도의 아파트에서 지내다가 주거 공간에 대한 아쉬움을 느껴서 독립적인 공간을 찾아보게 됐죠. 저는 아파트가 다 똑같이 생기고 답답한 느낌이 들어서 좋아하지 않거든요.

그럼 여기 녹번동은 원래부터 잘 알던 동네였어요?

전혀 아니에요. 마땅한 집을 찾으려고 발품 팔다가 처음 알게 됐어요. 녹번동은 젊을 때부터 지금까지 한 곳에서 쭉 사신 어르신들이 많아요. 오래된 맛집도 많고요. 쌓인 시간이 느껴지기도 하고 그만큼 살기 좋은 곳이라는 뜻 같아서 좋았어요. 이 집은 50년 된 단독 주택이라 이곳저곳 낡긴 했지만 보자마자 마음에 들어서 여기로 와야겠다 싶었죠. 공간 전체를 채운 나무 소재와 부엌 입구의 아치형 문처럼 인상 깊은 곳은 그대로 두고, 오래된 벽과 타일을 뜯어내며 고쳤어요. 작년 이맘때쯤 한 달 동안 저와 연이, 가끔씩 친구들까지 불러가며 완성한 집이에요. 우리 취향에 맞게 집을 고치는 건 아직 현재진행형이라 부엌 한편에 페인트를 잔뜩 쌓아뒀어요.

두 분의 손길이 닿은 집이다 보니 유독 애정이 가는 공간도 있을 것 같아요.

맞아요. 부엌이랑 욕실에 공을 많이 들여서 가장 먼저 떠올라요. 저는 먹고 씻는 일상적인 행위가 중요하다고 생각해요. 기분 좋은 하루들의 공통점을 떠올려 보면, 일어나자마자 경건하게 씻고 내가 좋아하는 옷 입고 일을 시작했다는 거예요. 연이는 항상 출근하니까 말끔한

사소한 기쁨을 잘 줍는 일상처럼 느껴져요. 건녕 씨는
남편분과 연애를 꽤 길게 한 뒤 결혼한 걸로 알고 있어요.
소개팅으로 만났다고요.
연애는 7년, 결혼 5년째예요. 20대 초반에 대학 연합
동아리에 들었는데, 거기서 친해진 친구가 자신의
제일 친한 친구라면서 소개해 준 사람이 연이였어요.
둘이서 처음 만났는데 캡모자 눌러쓰고 패딩 입고
나왔더라고요(웃음). 저를 보자마자 하이파이브를 하길래
겉으로 잘 보이려고 욕심내지 않는 것 같아서 좋았어요.
사귀면서 연이를 좀더 알아가게 됐을 때는 서로의 결핍을
채워주는 사이라고 생각했죠.

어떤 부분에서의 결핍인지 들려줄 수 있나요?
연이와 저는 성장 환경이랄까요, 부모님의 육아 방식이
좀 달랐어요. 저는 첫째인데 부모님은 제가 원하는 걸
다 해주시면서 저에게 거는 기대가 컸어요. 그만큼 말도
잘 듣고 공부도 잘했고요. 남편의 부모님은 방목하는
마음으로 아이를 키우셨대요. 그래서 연이는 부모님이
배움이나 경험의 기회를 많이 줬다면 현재의 자신은 좀더
달라지지 않았을까 생각하더라고요. 반면에 저는 내 생각을
조금이라도 더 존중해 줬다면 좋았겠다는 생각을 하고요.
부모와 자식이라는 관계에서 느낀 아쉬운 부분을 서로는
잘 이해하고 메워줄 수 있었죠.

건녕 씨가 생각하기에 두 분은 닮은 점이 많은 사이인가요?
사실… 오랫동안 서로 비슷하다고 생각했는데요. 작년이
되어서야 우리가 처음부터 끝까지 다르다는 걸 알게
됐죠(웃음). 보통 제가 하고 싶은 걸 할 수 있도록 연이가
양보하고 이해해 주는 편이라 우리가 닮았다고 오해했던
것 같아요. 작년은 집 공사부터 해서 각자에게 변화가 많은
시기였는데 서로 예민해지니까 갈등이 자주 생기더라고요.
나와 다른 부분이 드러나는 게 보기 싫게 느껴지기도
했어요. 예를 들면 자기 자신에게 너그러운 연이와 달리
저는 엄격한 편인데, 사람은 자신의 기준을 쉽게 다른
사람한테 적용하게 되잖아요. 무언가를 함께 할 때 연이가
좀더 열심히 해줬으면 좋겠고, 내가 원하는 걸 같이 해주지
않거나 반기지 않으면 괜스레 서운해지면서 나를 사랑하는
게 맞는지 속상했어요. 하다못해 제가 좋아하는 영화를
함께 봐주지 않을 때도요.

어떤 마음인지 조금은 알 것 같아요. 공통점이 많아야
완전한 관계처럼 느껴지잖아요. 그게 아닐 수도 있는데요.
같다고 생각했던 게 사실은 완전히 다른 거였는데, 어떤
방식으로 차이를 좁혀 나갔는지 궁금해요.
연이와 끊임없이 이야기를 나눴어요. 부딪치고 대화하다

상태인데, 저는 아무래도 집에서 머무는 시간이 길다 보니
특별히 나갈 일이 없으면 씻지 않고 잠옷을 입은 채로 지낼
수도 있잖아요. 그럴수록 마음의 에너지가 떨어지는 것
같더라고요.

지금은 낡은 흔적을 찾아볼 수 없이 아름답지만, 혹시
오래된 집이라 꺼려지진 않았어요?
음, 집이든 옷이든 물건이든… 오래된 걸 좋아해요. 누군가
쓴 흔적을 보면 그 뒷면의 이야기가 궁금하더라고요.
이 집엔 어떤 사람들이 살았을까, 이 물건을 쓰는 사람들은
어땠을까. 오래된 무언가가 지닌 시간이 마음에 와닿아요.

이 집에 기록될 세 식구의 시간도 기대되네요. 특별히
정해진 일과는 없다고 했지만 요즘의 하루 중 마음에 드는
순간이 있다면요?
2층 테라스에서 곧잘 시간을 보내고 있어요. 작은 의자와
테이블을 두었는데 거기서 마농이랑 밥도 먹고 책도 읽고
바깥 구경도 해요. 옆집 할아버지네 마당에 라일락처럼
큰 나무가 많거든요. 테라스에 앉아 있으면 제 모습을
나무들이 슬쩍 가려주고 철마다 피고 지는 초록 풍경도
감상할 수 있어요. 그냥 지나치면 이웃집 담장에 무엇이
피는지도 모르고 살지만, 일 년에 한 번 볼 수 있는
것들이잖아요. 오면 반갑고, 지나가면 아쉬운 것이요.
서울 도심에서 얻기 힘든 경험이라고 생각하다 보니 더
애틋하게 느껴지더라고요.

보니 우리의 다른 부분을 이해하게 돼서 자신을 조금
내려놓게 됐고, 서로 존중하려고 노력하죠. 저는 제가 제일
중요한 사람이었어요. 연인을 만나든 결혼을 하든지요.
예전에는 내가 나를 사랑해야 되는 이유가 나밖에
없었다면, 이제는 애정을 주는 사람들과 관계를 더 잘 맺기
위해서가 아닌가 하는 생각이 들어요.

**한 사람을 오래 보았다고 해도 그 사람의 세계를 전부
알기는 어려운 것 같아요.**
그래서 상대를 계속해서 공부해야 하나 봐요. 애초에
관계의 모든 면면을 우리가 처음부터 알 수도 없지만요.

건녕 씨에게 남편분은 어떤 의미를 가진 존재예요?
내가 더 좋은 나일 수 있도록 도와주는 사람이에요.
에디터님, 혹시 〈사랑할 땐 누구나 최악이 된다〉(2021)
보셨어요? 그 영화를 보면 시한부 선고를 받은 남자가
여자에게 이런 말을 해요. 내가 너와 헤어지고 나서
후회되는 게 있다면 네가 얼마나 멋진지 깨닫게 해주지
못한 거라고요. 그 대사를 듣는데 연이는 언제나 나를
새롭게 깨닫게 해주는 사람이라는 생각이 들었어요. 반면에
저는 그렇게 하지 못해서, 연이가 얼마나 멋진 사람인지 더
알려주고 싶어요.

**두 분은 부부가 될 때 결혼식을 올리지 않았죠. 특별한
이유가 있을까요?**
저희가 7년을 연애하면서 한 번도 결혼 이야기를 한 적이
없는데요. 더 이상 떨어져 있기 싫으니까 자연스레
함께 살기로 마음먹게 됐죠. 흘러가는 대로 한 거다
보니 결혼식이 저희한텐 별로 의미가 없더라고요. 일단
버진로드라고 부르는 그 길을 모든 사람의 주목을 받으면서
걸어가는 것 자체가 정말 싫었어요(웃음). 그냥 우리 둘이
잘 살면 되는 걸 큰돈 들여서 모두에게 공표한다는 게 괜한
일처럼 느껴졌고요. 그래서 결혼식 할 돈으로 제주에서
살던 집을 뜯어고치고 웨딩 사진도 독채 숙소를 하나
빌려서 어머니가 찍어주셨어요. 반지 대신에 서로의 이름을
작게 타투로 새겼는데, 시아버지가 연신 설득하셔서 원데이
클래스에서 하나씩 만들었죠.

**'이기적인 결혼에 대한 변'으로 시작하는 웨딩 카드도
인상적이었어요. "그저 우리 둘만이 주인공이 되는 결혼을
하고 싶었습니다. 다소 이기적일지는 몰라도, 우리만의
이야기가 담긴 그런 결혼"을 하고 싶다고 적어두었죠.**
남들이 보기에는 이기적일 수도 있잖아요. 특히 가족
어르신들에게는 아는 분들을 초대해서 감사 인사를 건네고,
마음이 오가는 자리이기도 하고요. 결혼식을 성대하게
하지 않은 것, 반지를 제대로 맞추지 않은 것,
그런 건 후회하지 않지만 지금 와서 드는 생각은,
저와 연이가 주변 사람들에게 제대로 감사 인사를
하지 못한 점이 아쉬워요. 그때는 주위에 결혼을 한 사람도
없고 식 자체에 부정적이었기 때문에, 가까운 사람들을
챙길 자리를 간과해 버린 거죠. 이제는 결혼식이 꼭
보여주기 위한 행위만은 아니구나 하는 생각도 들고요.
언젠가는 고마운 사람들을 모아 소소하게라도 마음을
전하고 싶어요.

**그렇군요. 결혼은 연애와는 확실히 마음가짐이 다르던가요?
두 사람은 변하지 않았는데 새로운 역할만 주어진 거잖아요.**
저는 좀… 다른데 연인과는 다른 '부부다움'이 있다고
생각해요. 저와 연이를 부부 같지 않고 연인 같다고
말씀하시는 분들이 많아요. 연인은 더 풋풋하고 로맨틱한
느낌이 있는 단어로 다가오니까 처음에는 그게 기분이
좋았거든요. '결혼은 의리로 하는 거다.'라는 말도 이해할
수가 없었어요. 그런데 앞서 말한 것처럼 작년에 둘
사이에 대한 고민을 거듭하면서, 영원한 사랑은 없다는 걸
느꼈어요. 그러니까 우리 사이에 있는 사랑이 의리나 배려,
정, 애증처럼 모습을 바꿔가며 존재한다는 거죠. 콩깍지가
씌어서 별 노력을 하지 않아도 유지되는 풋풋한 애정보다
서로를 위해 성숙해져서 배려하고 노력하는 사랑이 더

로맨틱한 게 아닐까 싶어요. 부부 사이가 그렇고요.

사랑은 여러 모습을 아울러 부르는 말인가 봐요. 건녕 씨는 아이를 키울 계획이 없다고 했는데, 이유를 물어봐도 될까요?

자기 자신이 가장 중요한 사람이 아이를 낳아서 잘 기를 수 있을까에 대한 걱정이 있어요. 내가 한 사람으로서 좀더 독립적이고 바로 선 후에야 아이를 보듬을 여유가 생기지 않을까요? 연이도 같은 생각이었는데 얼마 전 제 조카들과 시간을 보내더니 넌지시 이야기를 꺼내더라고요(웃음). 요즘은 조금씩 제가 바로 서고 있다는 걸 느끼는 때라 아이 생각은 언제든 바뀔 수도 있어요.

건녕 씨의 지난 이야기도 듣고 싶은데요. 유튜브 채널을 '7급 공무원 퇴사 영상'으로 알게 된 분들도 많을 것 같아요. 공무원은 어떤 계기로 시작한 일이에요?

그 영상이 머리도 안 감고 촬영한 건데 많이들 봐주셔서 깜짝 놀랐어요(웃음). 대학교 졸업할 즈음에 취업 준비를 하는데 잘 안돼서 너무 힘들었어요. 마지막으로 스스로에게 건넨 선택지가 공무원이었고, 이건 준비하면 붙을 수 있다는 확신을 갖고 시작했죠. 일 년 공부하고 붙었는데, 애초에 저랑 조직 생활이 잘 맞지 않더라고요. 특히 상사에게 잘 보여야 하고 빈말을 수시로 해야 하는, 동료들과 굉장히 밀접한 관계가 필요한 조직이 어려웠어요. 회식을 하면 옷과 머리카락에서 고기 냄새가 풀풀 풍기는데 샤워하기도

싫고 널브러져서 휴대폰만 들여다보고 싶었죠. 일은 잘해도 일에서 의미를 찾을 수가 없었어요. 남들은 다 참고 다니는데 왜 나한테는 괜찮지 않을까, 나에게 문제가 있는 걸까 싶었고요. 무언가를 잘 못하는 것도 스트레스인데 그런 나를 내가 바라보는 게 너무나 힘들어서 그만두게 됐죠.

문제의 모든 원인이 나한테 있는 것처럼 느껴질 때가 있잖아요. 힘든 시간을 견뎠네요. 퇴사를 고민할 때 남편분은 어떤 반응이었어요?

내가 왜 괜찮아지지 않을까 고민하면 연이는 저를 안아주면서 괜찮아지지 않아도 된다고 말해줬어요. 그 말이 참 고마웠죠. 제가 좀더 참고 다녀보겠다고 했을 때도 오히려 그만둘 거면 얼른 정리하는 게 좋겠대요. 연이 이외에 가족과 동료들은 그 어려운 걸 붙여놓고 왜 그만두냐면서 잔소리했죠(웃음).

그만둔 후에는 수입이 없다는 현실적인 상황이나 불안함이 고민으로 닿았을 것 같아요.

솔직히 저 혼자였다면 과연 퇴사를 할 수 있었을까요. 연이가 마음뿐 아니라 경제적인 지원도 해줬으니까 가능했을 테고, 그런 부분에서 진심으로 고맙게 생각해요. 저를 속상하게 했던 건 이 가정에 내가 보탬이 되고 싶은데 온전히 하고 있지 못하다는 기분이었어요. 일종의 자격지심이랄까요? 혼자였다면 담담히 감내했을 부분인데, 관계 안에 있으니 어떤 역할이라도 해내야 할 것 같은 기분이 드는 거죠. 당장에 불안하니까 미라클 모닝처럼 일찍 일어나보기도 하고 없던 루틴도 만들어봤는데, 결국 내 옷이 아닌 걸 입는 것처럼 불편하더라고요. 과감하게 일상을 재정비하면서 내가 무얼 좋아하는지 명확하게 알아보기 시작했죠.

유튜브에 처음 영상을 만들어 올리기 시작한 것도 그즈음이죠.

맞아요. 그런데 퇴사 즈음에는 동기 부여가 안 돼서 꾸준히 하진 않다가 제대로 마음먹고 시작한 건 일 년 반쯤 된 것 같아요. 예전부터 마음 한편에 창작에 대한 욕구가 있었어요. 글을 쓰든 그림을 그리든 해보고 싶지만, 예술가가 될 만한 창의성이나 능력은 없다고 생각했죠. 그 욕구를 영상을 편집하면서 해소하게 되더라고요. 영상에는 일상과 생각이 담겨요. 저는 집을 잘 가꾸고 건강하게 먹고 산책하는 것처럼 일상적이고 평범한 게 좋아요. 그래서 저의 하루도 어디 특별한 곳을 여행하고 유명한 곳을 찾아다니기보다 평범한 행위로 채워져 있고요. 일상을 소중하게 여기는 게 전하고 싶은 메시지이자 저의 뿌리라서, 뿌리가 튼튼할수록 저 자신이 바로 서는 기분이

들어요. 혼자 있는 모습도 많은데 그 시간을 잘 보내야 다른 사람과 있을 때 나눠줄 에너지가 생기는 것 같아요.

저도 건녕 씨의 그런 일상이 좋아서 구독했어요(웃음). 한편으로는 남들에게 보여주고 싶지 않은 모습도 있을 텐데, 울거나 속상해하는 모습도 담기더라고요.
다 알고 계시네요(웃음). 사람이 어떻게 항상 행복하기만 하겠어요. 부정적인 감정이라는 이유로 보여주고 싶은 나와 그렇지 못한 나를 나누고 싶지 않았어요. 이왕 나의 일상과 생각을 나누기로 했다면 전부 보여주는 게 맞지 않나 생각해요. 물론 이건 저를 한정으로 두고 하는 말이에요. 연이와 오붓하게 보내는 시간은 최대한 사적인 영역 안에 두려고 해요. 연이가 먼저 부탁하기도 해서 그 마음을 존중하려고요.

익명의 존재들이 응원을 보내기도 하잖아요. 구독자와의 관계에서 의미를 발견할 때가 있을 것 같아요.
정말 감사하죠. 처음에는 제가 가진 모든 걸 퍼주고 싶을 정도로 감사했어요. 지금은 고마움의 크기는 똑같은데 바라보는 마음가짐이 좀 달라졌어요. 유튜브에 언제나 좋은 댓글만 달리는 건 아니거든요. 무심코 남긴 말 한마디에 마음이 흔들리지 않으려면 남들의 시선에서 자유로워져야 해요. 그건 곧 부정적인 시선뿐 아니라 나를 긍정적으로 바라보는 사람들의 시선에도 얽매이지 말아야 한다는 의미죠. 제가 하는 무언가를 사람들이 좋아할까 또는 좋아하지 않을까에서 벗어나야 진정한 자유를 느낄 수 있으니까요. 저를 무조건적으로 응원해 주시는 분들을 볼 때도 스스로 충분히 그럴 만한 사람이니까 사랑 받는 거라고, 그래서 감사하다고 생각하고 있어요.

유튜브는 구독자나 조회 수, 댓글 등이 숫자로 공개되는 플랫폼이잖아요. 그 숫자가 신경 쓰이진 않아요?
눈으로 보이는 지표라서 관심이 가는 건 어쩔 수 없더라고요. 그래서 올리고 나면 바로 마농이랑 산책 다녀오거나 다른 할 일을 찾아요. 그런 와중에도 이 일이 좋다고 마음을 다잡게 만드는 건 이 세상에 나랑 같은 채널은 또 없다는 자부심이에요. 다른 채널엔 없는 나만의 것이 분명하다고 느끼기 때문에 숫자에 대한 조급함을 조금은 내려둬요.

대화를 나누다 보니 건녕 씨는 자신에 대한 확신이 중요한 사람이라고 느껴져요.
어려운 일이 닥치면 나니까 잘 해낼 수 있다고 생각하려고 해요. 물론 처음부터 그런 믿음이 있던 건 아니고, 저도 제가 못나 보이고 싫을 때가 있죠. 퇴사 영상을 올리면서

제가 알을 깨고 나오는 모습을 보고 싶다면 구독해 달라며 장담을 했는데, 애초에 그 알이라는 게 별거 없는 것 같아요. 어떠한 환경에 놓이든 지금의 나한테 만족하는 게 한 꺼풀 뚫고 나온 거죠. 흔들릴 때는 곁에 있는 사람들이 도와주고 스스로도 되뇌고요. 세상에 어떤 일이 벌어지든 나를 믿는 게 가장 최선의 방법 같아요.

나를 대할 때는 믿음이 중요하다면, 누군가와의 관계에서는 무엇이 가장 중요하다고 생각해요?
제가 사랑이 필요 없는 사람이 되는 거요. 그건 곧 스스로에게 사랑을 준다는 것과도 같은 말이에요. 나를 사랑하는 마음이 없으면 끊임없이 외부에서 사랑을 갈구하게 돼요. 하지만 스스로에게 충만한 사랑을 주고 어여쁘게 봐준다면, 오히려 다른 사람과의 관계에서 내가 아니라 상대의 마음을 볼 수 있게 되죠. 소중하게 생각하는 가족이나 누군가와의 관계가 삐걱거린다면 우선 나를 먼저 돌아보려고 해요. '가화만사성家和萬事成(집안이 화목하면 모든 일이 잘됨)'이라는 말이 괜히 있는 게 아닌 거 같아요(웃음).

(고개를 끄덕이며) 그렇다면 지금 건녕 씨에게 가장 중요한 관계는….
연이와의 관계죠. 가장 의지하는 사람이니까요.

마음 둘 곳을 찾았네요. 건녕 씨의 삶은 앞으로 어떤 모양일지 궁금해져요.
사람이 자신의 삶에 만족할 때 지금처럼만 계속되길 바란다는 말을 하게 되잖아요. 저도 마찬가지인데 지금처럼 좋아하는 일상을 영상으로 기록하고, 각자 하루를 열심히 보낸 후에 연이와 만나서 저녁 먹고 마농이랑 산책하는 하루가 유지되길 바라요. 거창한 건 없어요.

건녕 씨는 내가 던지는 질문에 주저 없이 답하면서도 말 속에 창문을 열어두었다. 오랜 고민을 거쳐 얻은 답이라도 걸쇠까지 꼭 걸어 잠그고 답답하게 두기보다, 바람 통할 문을 열어둔 채 언제든 다시 마주할 준비가 되어 있었다. 자신을 닮은 편안한 집에서, 주어진 하루를 성실하게 사랑하고 곁에 있는 존재들을 꼭 끌어안은 건녕 씨와의 시간 덕에 내 마음에도 새로운 바람이 부는 듯하다.

그래도 지키고 싶은 것

그래도팜

에디터 차의진
자료 제공 **그래도팜, 틈새책방**

여기 토마토 한 알이 있다. 평범한 열매인 듯싶지만, 이 값진 결실을 만나기 위해 아버지 원건희 대표는 숱하게 "그래도"를 외쳤다. 누군가 좀더 편하고 쉬운 방법이 있대도, 꼭 그 길이 아니어도 괜찮대도. 아들 원승현은 그런 아버지를 보고 배웠다. 누가 뭐래도 지켜야만 하는 것에서 물러섬이 없는 두 사람은 똑 닮았다. 아버지의 농업 철학을 이어받아 아들이 2대째 토마토를 키우는 농장. 이곳의 이름은 '그래도팜'이다.

유기농 1세대, '원농원'

1983년 강원도 영월. 원건희 고문은 남들이 가지 않는 길을 가보기로 했다. 화학 비료와 농약으로 작물을 빠르게 키우는 것이 당연하던 시기였지만, 아내를 생각하면 더 이상 그리 할 수는 없었다. 함께 일하며 밭에서 농약을 조금만 써도 몸이 무척 약한 아내는 며칠을 힘겨워했기 때문이다. 그렇게 가족의 유기농 농사가 시작됐다. 지금이야 유기농은 그 가치를 높게 평가받지만, 당시에는 어리석은 방법이라며 손가락질 받기 쉬웠단다.

> "유기농을 하면서 가장 힘든 점이 무엇이었냐는 질문에 부모님 두 분은 외로움이라고 말씀하셨다. 가장 가까운 가족들마저 뭐 하러 그리 고생을 하냐고 말씀했고, 인근에 계시는 부모님의 친구들은 돈도 못 버는데 생고생만 한다며 걱정과 조롱을 섞어 이야기했다."
> ─ 《토마토 밭에서 꿈을 짓다》, P108,
> 〈부모님의 세월을 담은 농장 이름, '그래도팜'〉 중에서

아내의 건강을 위해 시작한 일이었지만, 멀찌감치 떨어져서 본 기존의 농법은 두렵고 낯설게만 다가왔다. 사람을 위한 결실을 키워내는 데 사람에게 해로운 방법을 써야 한다는 것이 그에겐 이해가 가지 않았다. 누가 뭐라 하든 원건희 고문은 고집스럽고도 묵묵히 유기농만을 추구했다. 화학 비료 대신 천연 퇴비를 만들어 밭에 뿌렸고, 따가운 시선을 감내하며 크기가 조금 작은 농산물도 시장에 내놓았다. 그 이유는 사람을 위해서였다.

> "부모님의 농사는 상업적인 이유가 아닌 '그저 사람이 먹을 것을 만드는 일'을 위해 기본을 반드시 지키려는, 현실과 타협이 없는 농사였다. 그 길은 다소 불편했고, 오랜 시간을 필요로 했고, 한없이 힘들었고, 누구도 알아주지 않는 길이었다. 그럼에도 불구하고, 그래도, 무겁지만 한결같은 걸음걸이로 이어온 30여 년이었다."
> ─ P110,
> 〈부모님의 세월을 담은 농장 이름, '그래도팜'〉 중에서

디자이너 아들, 농부가 되다

원건희 고문이 자신의 길을 개척할 무렵, 조그만 아이도 품에 안았다. 아버지의 농장을 곁에 두고, 작은 시골에서 자라난 아이는 텔레비전 속 자동차 디자이너를 보고 디자인을 하겠다는 꿈을 품었다. 그림을 배우기 위해 화실을 오가고, 원하는 미술 대학까지 들어가려 애썼다고. 그렇게 디자이너가 되어 서울에서 바삐 살아가던 어느 날, 아들 원승현 대표는 자신의 감각을 살려 아버지의 농장을 브랜딩해 보기로 했다. 큰 결심보다는 한 번쯤 해보고 싶은 가벼운 마음에서였다.

본격적인 브랜딩 전 아버지와 나눈 대화는 그동안 아들이 몰랐던 부모님의 삶을 돌아보게 했다. 그리고 한때는 아집이라고도 생각하던 아버지의 유기농이 얼마나 귀중한 일인지를 깨달았다. 원승현 대표는 부모님의 농장에서 월급을 받고 새벽 5시에 일어나 밭으로 향하는 생활을 시작했다. 휴일도 없는 일상에 몸은 고단했지만 원건희 고문이 심은 땅의 가치는 아들을 계속 움직이게 했다.

원승현 대표는 이제 자신만의 브랜드를 만들어보기로 한다. 아버지가 세운 농장의 철학, '삼생三生'은 그대로 유지하고 싶었다. 삼생은 땅이 식물을 살리고, 식물이 사람을 살리며, 사람은 다시 땅을 살려야 한다는 의미다. 건강한 토양에서 더 건강한 농산물이 자란다는 일념 아래, 아들은 디자인 감각을 살려 브랜드를 만들기 시작했다. 그렇게 지은 브랜드의 이름은 '그래도팜'. 실패를 겪으면 '그래도 해봐야지.', 생산성이 우선 아니냐 물으면 '그래도 그럼 되겠느냐.' 말하는 부모님이 떠올랐기 때문이다.

> "30년 넘게 부모님 곁에서 지켜보며 가장 많이 들은 말이 '그래도'였다. 가만히 들여다보니 이 단어가 30년 이상을 유기농과 함께하신 부모님의 인생과 가장 닮은 듯했다. 두 분이 힘들고 외로웠지만 한결같이 걸어온 그 길. 그 길을 그대로 담으면 됐기 때문이다. 그렇게 해서 탄생한 이름이 '그래도팜'이다."
> ─ P101,
> 〈부모님의 세월을 담은 농장 이름, '그래도팜'〉 중에서

1980년대 원농장 풍경.

원승현 대표의 브랜딩으로 새롭게 태어난 농장.

땅과 종을 지키기 위해

원승현 대표는 2015년 첫 발을 뗀 그래도팜의 두 기둥을 '땅' 그리고 '종'이라고 말한다. 땅은 아버지가 중요하게 여긴 가치를 그대로 이어받은 것이다. 비료와 약을 쏟아붓는 것이 아닌, 토양과 사람 그리고 다음 세대까지 함께 살 수 있는 방법을 아들도 지키려 했다.

> "내가 부모님에게 상속받은 건 재산이 아니라 땅을 대하는 태도였다. 나는 운 좋게도 흔치 않은 부모님의 삶 한가운데 성장하며, 두 분이 지키려 했던 가치를 온몸으로 체득했다. 그런 의미에서 나는 농업계에 보기 드문 '금삽'이다."
> — P81,
> 〈유기농 2세대, '흙수저'인 줄 알았던 '금삽'〉 중에서

원 대표만의 농사 철학도 생겼다. 그래도팜의 두 번째 기둥, '종'이다. 그는 해외 출장에서 만난 에어룸 토마토를 한국에서도 시도해 보고 싶었다. 에어룸 토마토란 수확한 작물에서 직접 씨앗을 받아 다시 심어 얻은 토마토를 말한다. 이것은 일반적으로 농부들이 씨앗을 심는 방식과는 다르다. 보통 농가들은 'F1 종자'를 사서 심는데, 우수한 형질을 갖춘 작물을 교잡해 만든다. F1 종자는 자가 채종이 불가능하고 우수한 형질이 유전되지 않는다.

이런 점에서 에어룸 토마토는 '가보' 종자라고도 불린다. 원승현 대표는 세계에서 대대로 이어지는 품종을 계속해서 보존하면서도 독보적이고 다채로운 토마토를 한국에도 소개하길 원했다고. 아버지의 마음을 이어받아 그래도팜을 운영하듯, 에어룸 토마토가 끊이지 않고 열매 맺는 모습을 그는 즐거이 바라본다.

토마토와 꾸는 꿈

원승현 대표의 토마토는 국내에서 독보적인 입지를 다졌다. 수확량이 적고 재배도 쉽지 않기 때문에 에어룸 토마토를 원하는 이들은 그래도팜부터 찾는다. 수확물이 제맛을 잃지 않도록 직거래도 활성화되어 있으며, 냉장 보관 없이 빠르게 소비자에게 배송된다. 일반적으로 표면이 단단한 토마토와 달리 말랑하다는 말도 있지만, 원래 말랑할 때 먹어야 한다는 것이 그의 설명이다. 시중에서 만나는 열매가 단단한 이유는 이른 수확 때문이라고.

땅과 종을 소중히 여기는 마음은 기준 높은 요리사들에게도 통했다. 미쉐린에 이름을 올린 곳이나 파인다이닝 등에서 그래도팜의 상품을 즐겨 찾는다. '정식당', '두오모' 등 에어룸 토마토를 소비하는 곳도 300여 곳이 넘는다.

원 대표는 토마토를 더 다채롭게 경험할 수 있도록 그래도팜의 소비자 경험 브랜드인 '토마로우Tomarrow'도 운영 중이다. 그래도팜이 재배 중심이라면, 토마로우는 농촌 경험 프로그램을 선보이거나 토마토를 활용한 가공식품을 제조하기도 한다. 아들의 브랜딩적 사고로 아버지의 원농원은 그 가치를 유지하며 시대에 적합한 방식으로 오늘도 나아가고 있다.

> "농장의 고유문화와 철학을 하나하나 기록하고 승화시켜야만 매력 넘치는 브랜드가 될 수 있다. (중략) 브랜드도 작물처럼 항상 신경 쓰며 기르는 게 중요하다. 결국 차곡차곡 쌓인 자기만의 색이 스스로를 지키는 방어막이 된다."
> — P22,
> 〈브랜드파머, 밭에서 브랜드를 짓다〉 중에서

토마토의
내일을 만나는 농장

그래도팜은 브랜드 토마로우를 통해 소비자가 더욱 풍성하게 토마토를 경험할 수 있는
프로그램을 제공한다. 이전에 본 적 없는 다채로운 농장은 아들 원승현 대표의 디자인적
감각이 담겼다. 이곳에서 그간 익숙했던 붉은 열매의 몰랐던 면면을 살펴본 이들은
토마토와 함께하는 색다른 내일을 그려본다.

1. 씨들링 하우스

토마토의 붉은 빛을 담은 유리 온실. 토마로우만의 미식 프로그램 '플레이버 오브 토마로우'가 열리는 장소다. 해설사와
함께 농장 곳곳을 둘러본 뒤, 이곳에서 수확물을 활용한 네 가지 요리를 차례로 맛볼 수 있다. 다양한 에어룸 토마토를
먹어보며 내 취향의 품종을 찾아보는 경험도 가능하다. 처음 보는 독특한 열매를 즐겁게 맛보며 나를 알아가는 시간이라니,
예약된 인원만 프라이빗하게 참여할 수 있어 우리만의 시간을 보내기에도 제격이다.

2. 파밍 라이브러리

농장 안에 자리한 도서관은 지금껏 만나보지 못했다. 농업 전반에 깊은 관심을 두고 있는 원승현 대표는
독서 공간을 마련해, 농촌과 식재료 그리고 환경과 토양까지 그래도팜과 밀접한 관련이 있는 도서를
여덟 가지 카테고리로 이곳에 모아두었다. 밭을 거닐고 미식 프로그램을 경험하며 눈과 입을 깨웠다면,
독서 공간에서 잠시 쉬어가며 농업과 미식의 세계로 한 걸음 더 내디뎌 봐도 좋을 터. 농장 방문객들은
누구나 자유롭게 책을 읽을 수 있는 열린 공간이다.

3. 쏘일 갤러리

좋은 토양은 맛있고 건강한 결실을 보기 위한 필수 요소란다. 원농원 시절부터
땅을 무엇보다 귀중하게 여긴 아버지 원건희 고문의 시선을 이어받아, 원 대표
또한 건강한 흙을 농장의 기둥과도 같이 여겨왔다. 쏘일 갤러리에서는 우리가
밟고 선 흙이 얼마나 농작물에 중요하며, 흙은 어떤 다양한 모습이 있는지
전시물을 통해 이해할 수 있다. 이토록 땅을 아끼는 농부의 손에서 자란
열매라니 부자의 토마토밭을 좀더 든든한 마음으로 살피게 된다.

A. 강원 영월군 주천면 서강로 159-26
O. 주말 11:00-17:00, 평일 정기휴무

원승현
그래도팜 대표

원승현 대표의 그래도팜은 땅과 토마토를 진심으로 대하는 아버지의 농장에서 움텄다.
아버지가 물려준 농업의 가치를 전하기 위해, 아들은 농장의 문을 두드리는 이들에게
토마토를 심고 가꾸는 법을 알린다. 앞으로 그래도팜은 어떤 발걸음을 이어갈까.
그에게 그래도팜의 내일을 물었다.

**디자이너로 일하다 농업에 뛰어들기로 결심하기는 쉽지
않았을 것 같아요.**
아버지의 농업 정신을 잇고 싶었어요. 예전에 아버지께서
농업은 장인이 없는 산업이라고 말씀하신 적이 있어요.
농사는 반년 또는 1년 단위로 진행되니 평생 농사를
100번도 못 지어본다고 하시면서요. 연습을 100번도
못 해봤는데 어떻게 장인이 탄생할 수 있냐며 대물림을
통해 농업의 가치를 전달하는 게 중요하다고 하셨죠.
일본처럼 세대를 거쳐 오랫동안 가업을 이으면 축적된
노하우도 전수될 텐데, 한국은 길어야 4대예요. 아버지
말씀에 공감했고, 농장의 정신이 이어지길 바랐어요.

**대표님은 가족이 아니더라도 토마토에 관심이 있는
분이라면 농업인으로 육성하신다고요.**
네. 얼마 전 한 부부가 저희 농장의 교육 프로그램을
마쳤어요. 이제 또 다른 친구가 들어오는데 한 사람의 삶을
함께 고민하는 게 쉬운 일은 아니에요. 어렵기도 하지만
첫 단추를 꿰었으니 앞으로도 계속해 보고 싶어요.

'건강한 땅'을 중요시하는 아버지의 농사 철학은 대표님이 토마토를 재배하는 중요한 기반이 되었죠?

건강한 땅은 그래도팜의 핵심이에요. 땅이 제구실을 하지 못하면 작물의 향이 발현되지 않거든요. 땅에 뿌리는 화학 비료의 무분별한 오남용은 작물이 본래의 향을 잃는 주된 원인이고요. 우리나라에서는 화학 비료에만 의존한 재배, 이른 수확, 냉장 보관처럼 농산물의 맛을 그대로 느끼지 못하게 하는 방법이 흔히 쓰여요. 그래서 저희가 농장에서 토마토를 맛보게 하는 프로그램을 운영하는 거예요. 현장에서만 경험할 수 있는 온전한 토마토의 맛을 보여드리고 싶어서요. 향을 살리는 땅은 저희 브랜드의 소명이라고도 봐요.

토마토의 향이라니 조금 생소하기도 해요.

토마토는 잔향을 느끼게 하는 휘발성 성분을 갖고 있어요. 그 성분으로 발현되는 잔향은 오십 가지가 넘고요. 어떤 사람은 그 성분을 레몬처럼 느끼고, 어떤 사람은 사과 향을 느끼는데요. 시중에서 흔히 볼 수 있는 스테비아 토마토에 사과 향 감미료를 뿌린 것과는 달라요. 그런데 소비자들은 식재료의 다양한 향을 잘 모르고 살아가죠. 또 자신이 어떤 품종을, 어떻게 조리해 먹는 걸 좋아하는지 알 필요도 있다고 생각해요. 요즘엔 '맛집'이라는 표현이 흔한데, 한편으로는 걱정스러운 일이기도 해요. 맛에 대한 기준이 획일화된다는 거니까요.

앞으로 그래도팜과 관련해 어떤 계획을 갖고 있어요?

농장을 브랜딩할 수 있는 청년들을 육성해, 그래도팜 산하에서 다양한 농작물을 판매하는 브랜드 프랜차이즈를 운영하려 해요. 지금의 토마로우처럼 딸기, 멜론 등을 다루는 브랜드를 만드는 거죠. 최종적으로는 교섭력을 지닌 그래도팜이 되는 게 목표예요. 많은 브랜드가 모이면 하나의 마트가 될 수도 있지 않을까요? 또 한국에서 농업과 농업인의 위상을 높이고 싶어요. 예를 들어 저희 교육 프로그램이 3년 과정인데, 누군가는 왜 그렇게 기간이 기냐고 이야기해요. 이모작이라고 치면 겨우 여섯 번 배우는 건데 말이죠. 이만큼 농업에 대한 인식이 높지 않아요. 학술적, 산업적으로 충실한 브랜드를 만들어가는 게 그래도팜의 과제라고 생각해요.

유미와 창협은 첫눈에 반했다. 사려 깊은 술 한잔을 나누면서 가까워진 둘은
'사랑과 용기'라는 슬로건의 양조 브랜드 '이쁜꽃'을 열고 쌀알을 어루만지며
곡주를 만든다. 그들의 술이 특별한 이유는 한 병에 담긴 사랑이 두 사람
자리에서만 머물지 않기 때문이다. 정성을 담은 술을 나눠 마시는 이름 모를
누군가, 사랑과 용기를 품은 일상 속 영웅들 그리고 두 사람의 마음에 태양을
띄운 두 살 리사에게까지, 사랑은 용기 넘치는 자태로 뚜벅뚜벅 걸어 나간다.

사랑과 용기를 그대에게

양유미·이창협—이쁜꽃

에디터 이명주
포토그래퍼 강현욱

리사가 마중 나와 있네요. 리사야, 안녕? 만나서 반가워.

(리사는 부끄러운 듯 웃기만 한다.)

유미 곧 낮잠 시간이라 졸음이 쏟아질 때인데 기분이 좋은 것 같아요. 어서 들어오세요.

창협 리사야, 인사해 봐. 리사는 몇 살이에요?

(손가락 두 개를 편다. 귀여운 모습에 일동 웃음을 터뜨린다.)

정오가 되기도 전에 리사의 낮잠 시간인 걸 보니 하루를 일찍 시작했겠어요.

유미 요새는 아침 6시에 일어날 때도 있는걸요. 지금 리사가 졸려서 이마가 따끈따끈한데, 처음 보는 사람들도 있고 엄마 아빠가 여기 있으니 잠들 거 같진 않네요. 아무래도 인터뷰할 때도 저희가 리사를 신경 써야 할 것 같아요.

그럼요. 편하게 해주세요. 먼저 가족 소개를 해볼까요?

창협 저는 직장인이자 양조사 양유미의 남편이고, 자유로운 음주 생활을 응원하는 '사케 요정'… 이창협입니다. 저를 부를 때 사케 요정이라는 닉네임을 쓰는데 직접 말하려니 영 부끄럽네요. 자의식 과잉 같기도 하고요.

유미 자기가 제일 많이 말하면서(웃음). 저는 가장 동시대적인 주류 회사 '이쁜꽃'을 이끄는 양유미입니다. 앞서 인사 나눈 리사는 저희 딸이고 두 살이에요. 처음엔 약간 부끄러워하지만 조금만 지나면 말을 많이 할 거예요. 요즘은 고양이와 보들보들한 촉감을 가진 물건을 특히 좋아해요.

다시 한번 세 식구를 만나게 되어 반가워요. 양조는 지금 잠시 멈춘 상태죠. 어떤 하루를 보내고 있어요?

창협 평일에는 출근을 해야 하니 보통 6시쯤 일어나요. 7시 전에 나가는데, 제가 준비하는 소리에 리사가 깨지 않으면 유미 님이 좀더 잘 수 있죠.

유미 저는 리사와 함께 일어나서 남편이 출근하면 아이를 근처에 사시는 부모님 댁에 맡기고 운동도 하고 일도 해요. 말씀하신 대로 양조 파트를 정리 중이라 이전만큼 바쁘지는 않지만 회사 구조를 바꾸는 일에도 꽤 큰 에너지가 필요하더라고요. 생산보다 기획이나 콘텐츠를 만들어내는 쪽으로 구조를 옮기고 있고, 양조는 제 체력을 회복한 뒤에 다시 하려고요.

건강이 많이 안 좋았나 봐요.

유미 연말연시에 심각하게 나빠졌어요. 지금까지 이룬 것들 다 끌어안고 갈 것도 아닌데, 죽으면 전부 무슨 소용인가 싶을 정도였죠. 느리게 가더라도 건강을 되찾는 게 우선이라 생각하려고요.

유미 씨는 이전에 《AROUND》에서 양조 이야기를 나눠 주신 적 있죠. 두 분의 인연이 어라운드로 시작되었다고 해서, 어떤 이야기인지 무척 궁금했어요.

유미 아마 2017년도쯤 제가 속해 있던 '곰세마리 양조장'을 소개하기 위해 인터뷰를 했어요. 무역 회사를 오랫동안 다니고 술을 좋아하는 이 과장, 그러니까 창협 님이 우연히 그 기사를 본 거죠. 한국의 양조장과 꿀술을 흥미롭게 생각해서 사 먹기 시작했대요.

창협 원래도 이것저것 술을 마셔보긴 했는데, 와인과 위스키를 지나서 한국 술에도 관심이 생길 때였어요. 곰세마리 양조장의 꿀술이 구하기 힘들었는데, 백화점에서 처음 보고 한 번에 열 병을 사버렸죠. 개인이 소비하기에는 꽤 많은 양이긴 해요. 근데 그중에서 여덟 병이 터져버린 거예요.

어머나!

창협 열처리를 하지 않은 술은 터지는 경우도 있어요. 저는 술을 좀 아는 사람이니까 이게 제조가 아니라 유통상의 문제일 수도 있어서 구매처에 말했죠. 그랬더니 제조사인 양조장에서 직접 해결해 줄 거라며 유미 님을 연결해 준 거예요. 유통사 잘못을 왜 제조자에게 떠넘기는지 이해되지 않고, 그저 소상공인을 지켜주고 싶다는 마음으로 유통사와 이야기하겠다며 버텼어요.

유미 그때는 약간… 위험한 사람이라고 생각했어요(웃음). 왜냐면 우리는 작은 규모의 회사였기 때문에 대형 유통망을 타보는 것도 처음이고, 컴플레인 책임 소재를 넘기기엔 어려운 상황이었거든요. 그걸 이해하지 못하는 게 이상해서 나를 골탕 먹이는 건가 싶었죠. 그렇게 전화 통화로 처음 인연이 닿았던 거예요.

어라운드를 보고 만난 로맨틱함을 상상했는데, 굉장히 강렬한 첫인상이네요….

유미 그래서 고객 중에서도 일명 'VIP'로 분류해 두었어요. 제가 모든 고객을 응대했기에 창협 님과도 자주 소통하게 됐죠.

창협 그러다가 다니던 회사에서 양조를 다루는 프로젝트 팀이 꾸려졌어요. 한국에서 재배된 쌀로 일본식 청주를 만들어보자는 내용이었죠. 재료와 제조 과정, 실행까지 잘 마쳤는데 투자와 사업화 방식에 대한 검토가 필요했고, 양조장을 운영하는 사람들과 이야기를 나눠보고 싶었어요. 그때 바로 유미 님이 떠올라서 연락했는데 흔쾌히 수락해서 회사 사람들과의 미팅 자리가 만들어졌어요.

그럼 서로를 직접 본 건 그때가 처음이겠네요. VIP 고객을 만나보니 어떻던가요?

유미 너무 충격적이었어요. 그때 만들던 술이 되게 비싼 편인데 항상 대량으로 구매했고, 주소가 을지로의 무역 회사다 보니까 중년 남성이나 나이가 지긋한 사장님을 떠올렸거든요. 그런데 작고 귀여운 사람이 나온 거죠. 저보다 동생인 줄 알았어요.
창협 놀란 건 저도 마찬가지였어요. 만나자마자 에어컨 고장 났는데 괜찮냐며, 슬리퍼에 편한 옷 입고 털레털레 걸어 나오더라고요. 저는 상사들과 격식 있는 미팅을 주로 하니까 그 모습이 조금 의아했어요. 알고 보니 양조는 몸 쓰는 일이 많아서 편한 옷을 입어야 한대요. 그날 조언도 얻고 친해졌죠.

창협 씨가 쓰신 책 《이 과장의 퇴근주》에 뒷이야기도 나와 있더라고요. 회사 프로젝트는 무산됐지만 유미 씨가 먼저 창협 씨한테 연락하셨다고요.
창협 어느 날, 퇴근 마치고 집에 왔는데 둘이서 술을 마시자고 연락이 온 거예요. 여럿이는 만났지만 둘이서는 처음이었죠. 저는 사실… 어라운드에 실린 사진을 보고 이미 좋아하는 마음이 생긴 상태였어요.
(일동 웃음을 터뜨린다.)
유미 저는 제가 먼저 좋아했다고 생각했는데 아니더라고요. 그때 왜 만나자고 했냐면 굉장히 괴로운 상황이었어요. 늘 그랬듯이 손님들과 브랜드에 대해 좋은 이야기들을 나누는데, 회사에서는 이미 제가 나가기로 결정되어 있었거든요. 마음이 문드러질 것 같은 와중에 창협 님은 이 술이 얼마나 맛있는지에 대해서만 한참 말하고요. 얼른 만나서 마음을 털어놓고 싶었어요.

두 분이 만나서 어떤 이야기를 나눴어요?
리사 (방에서 고개를 내밀며) 이리로 와줘!
창협 그래, 아빠가 갈게.
리사 아냐, 아빠 말고! 아빠 말고!
유미 (웃음) 잠깐 다녀올게요.
창협 근처에 자주 가던 조그만 이자카야에서 만났어요. 이런저런 이야기를 하는데 많이 힘들어 보여서 기운을 북돋아 줄 술 한잔을 사고 싶더라고요. 음식점 사장님이 한국 생활을 오래 한 일본인이셨는데, 가게 한편에 고구마소주 '마오魔王(마왕)'가 있었어요. 그걸 달라고 해서 유미 님과 나눠 마셨죠. 마침 집에 한 병 있을 텐데, 한 잔 따라 드릴게요. 향을 맡아 보세요.

굉장히 진하면서 달큰한 과일 향도 느껴지네요.
창협 그렇죠? 일본의 고구마소주 중에서도 3대 명주로 손꼽히는데 향이 프루티하면서도 우아해요. 목 넘김은 투명하고 상쾌하고요. 유미 님은 이 술을 마셔보곤 "아주 차가운 검은 돌멩이를 입에 머금은 것 같다."고 표현했어요. 그것도 표면이 매끈하고 단단한 짱돌 같다는데, 참 남다르다고 생각했죠.
유미 그때까지만 해도 꿀술만 만들 줄 알았어요. 은은하면서도 사려 깊은 맛은 꿀술에서만 가능하다고 생각했거든요. 그런데 그 한 잔을 마셔보고는 곡주로도 제가 지향하는 기품 있는 맛에 도달할 수 있다는 걸 알게 됐죠. 다양한 영역에 상상 이상의 맛이 존재한다는 걸 깨달았던 그때가 막걸리를 만들어보자고 결심했던 시기이기도 해요. 창협 님과도 자연스레 더 많은 시간을 보내면서 가까워졌고요.

《이 과장의 퇴근주》에서 유미 씨는 창협 씨를 "좋아하는 것을 좋아하는 사람"이라고 소개해요. 어떤 의미예요?
유미 창협 님은 언제나 좋아하는 게 있어요. 저는 좋음을 느끼는 역치가 높은 사람이라, 좋다고 말할 만한 게 별로 없거든요. 그런데 이 사람은 무언가 좋아지면 그게 왜 좋은지 탐구하는 게 기본자세더라고요. 골똘히 고민한 걸 언어로 풀어내는 것도 좋아하고요. 저는 어떤 개념에 대해서 딱 맞는 표현이나 설명을 들었을 때 엄청난 쾌감을 느껴요. 속이 시원한 느낌 있잖아요. 제 마음속에서 떠오르는 개념도 잘 표현해 보고 싶어서 단어들을 이리저리 만져보는데, 창협 님은 그걸 뛰어나게 잘하는 사람인 거죠. 그래서 같이 대화하면 언제나 재밌고 짜릿했어요.

자신의 감정에 솔직한 사람이라는 뜻도 될까요?
유미 맞아요. 밖에서 다 들여다보이는 유리 집에 사는 사람 같아요. 다들 그러실진 모르겠지만, 관심 가는 사람이 생기면 SNS를 들여다보게 되잖아요. 저도 페이스북에서 창협 님을 열심히 검색해 봤는데, 아주 옛날부터 솔직하게 글을 써왔더라고요. 표현 하나도 뾰족하게 쓰려고 애쓰다 보니까 자신의 감정을 잘 숨기지 못하는 것 같아요. 속내가 다 보이는 대신 더 좋은 사람이 되려고 노력하고요.
창협 저를 그렇게 봐줘서 고마워요. 무언가에 쉽게 몰두하는 모습을 안 좋게 보는 사람도 있으니까요.

나의 자연스러운 모습을 좋게 봐주는 사이네요. 결혼을 결심하게 된 계기가 있는지 궁금해져요.
유미 음, 두 가지가 있어요. 첫째는, 처음 봤을 때 향수도 안 뿌렸는데 좋은 냄새가 나더라고요. 저는 향을 믿거든요. 내가 의도할 수 없는 영역에서 향에 대한 호불호가 결정되는데, 그 냄새가 좋게 느껴진다면 유전자 단위에서 결혼하라고 명령하는 게 아닐까 싶었어요(웃음).
둘째는, 항상 구두가 깨끗했다는 거예요. 8년이나 신은 오래된 신발을 새것처럼 관리하는 모습에서 확신했죠.

말하다 보니 한 가지가 더 떠오르는데 학생 때는 국밥도 잘 먹고, 고급 다이닝에서도 즐길 줄 아는 사람과 결혼하고 싶었어요. 제가 그런 사람이기도 하고, 살면서 함께 즐길 수 있는 즐거움이 다양할 테니까요. 창협 님이 딱 맞는 사람이었죠.

창협 우리가 결혼을 하게 만든 공통의 사건도 있었어요. 한번은 오키나와의 조용하고 아름다운 슈리 성에 놀러 간 적 있는데, 앞에 세라교복을 입은 긴 머리 학생이 서 있더라고요. 그 근처를 지나가니까 학생이 뒤를 돌아보는데 수염이 난 중년 아저씨였죠. 순간… 저와 유미 님이 눈으로 대화를 나눴어요.

유미 '이 사람을 불쾌하게 하지 말자. 자연스럽게 행동하자.' 이런 대화를 한 거죠. 우리 둘은 마음속으로도 이야기할 수 있다는 걸 깨닫기도 했고, 긴급한 상황에서

사람이라는 뜻도 되더라고요. 저는 무던한 편이라 창협 님이 예민함을 드러낼 때마다 꾹 참았어요.

창협 연애 때도 잘 안다고 생각했는데 살면서 맞춰야 할 부분이 굉장히 많더라고요. 아직까지도 진행 중이고요. 예를 들면 같이 술을 마시고 잠들기 전에 저는 꼭 설거지를 마치고 싶거든요. 근데 유미 님은 하지 말고 같이 쉬자고 하는 거예요. 그리고 술 마실 때도 꼭 따라줘야 해요.

유미 씨에게 이유를 한번 물어볼까요?

유미 남이 따라줘야 맛있는 게 있잖아요(웃음).

창협 그래 놓고 나는 꼭 안 따라줘.

유미 결혼에 대해서는 무라카미 하루키의 오래된 에세이에서 읽은 말을 꺼내두고 싶네요. "좋을 땐 아주 좋고, 나쁠 땐 아주 나쁘다."

문제를 대처하는 방식이 비슷하다는 것도 알게 됐어요. 저희는 우스갯소리로 그분을 결혼의 요정이라고 불러요.

오늘 대화에 다양한 요정이 등장하네요. 서로 꼭 마음에 들어서 결혼했는데, 같이 살아보니 어떤가요?

창협 자주 만나니까 이럴 바에는 같이 사는 게 낫겠다고 생각했는데, 같이 살면 서로 집에 가지 않는다는 사실을 망각했던 것 같아요(웃음). 유미 님은 결혼 초반에 자꾸 자기가 집에 가야 될 것 같다고 하는 거예요. 같은 침대에서 자는 것도 불편하다고 거실에 나가서 자고, 급기야 나중에는 본집에서 자고 와도 되겠냐고 물어보고요.

유미 내 것이었던 걸 자꾸 나누는 게 영 익숙해지지 않았던 거죠. 그리고 다양한 걸 좋아하고 좋아하는 걸 오래 고민하는 사람이라 끌렸는데, 반대로 생각하면 뾰족한

(웃음) 이쁜꽃이 시작된 것도 결혼 즈음이잖아요. 무언가 이루고 싶은 게 있었던 걸까요?

유미 음주 생활만큼은 사적으로 영위할 수 있는 문화로 만들고 싶었어요. 주류 시장이 소주와 맥주로만 양분되어 있었고, 회식 문화 때문에 원치 않아도 집단 음주를 해야 했잖아요. 술만큼은 자유롭게 선택하고 나답게 마실 수 있길 바랐던 거죠. 물론 팬데믹으로 인해 제가 기대한 문화가 생각보다 빠르게 도래한 것 같아요. 오히려 이제는 사람들이 다양성을 따분해하는 단계까지 와서 우리가 할 수 있는 일은 무엇인지 새롭게 고민해 보고 있어요.

서 있는 곳은 달라도 언제나 양조를 가까이에 두는 걸 보니, 유미 씨가 술뿐만 아니라 양조를 참 좋아한다는 생각이 들어요.

유미 양조를 하다 보면 불교의 만다라 예술이 떠올라요. 만다라는 모래로 그림을 그리고 완성하면 날려버리잖아요. 곡주는 쌀알을 잘 보살펴야 하는데, 만약 과정에서 누락된 쌀알이 하나라도 있으면 그것 때문에 전체의 맛이 바뀌어버려요. 온 마음을 모아 쌀알을 다스린 후에 완성된 술 한 병은 마시는 것과 동시에 사라져버리죠. 곡주는 다른 술보다 만드는 과정이 백배는 더 힘들지만 이런 과정에서 보람을 느껴요.

이쁜꽃의 술은 '됫병'이라고 부를 정도로 용량이 많은 편이죠.

유미 여럿이서 함께 마실 수 있는 매개체가 되길 바랐어요. 제가 혼자 술 마시는 걸 별로 안 좋아하기도 하고요. 크기가 큰 것 외에도, 너무 압도적인 캐릭터를 내세우거나 만든 사람이 얼마나 고생해서 만들었는지를 강조하고 싶진 않았어요. 술 자체를 매력적으로 보여준다면 자연히 사람들이 연결될 테고, 술 문화에서 배제되던 이들도 모일 수 있겠죠. 예를 들어, 엄마라는 존재처럼. 술 문화의 중심에 한 가지 성별만 보이는 모습도 깨고 싶었어요.

'사랑과 용기'라는 이쁜꽃의 슬로건이 떠오르네요. 보통은 중요하게 지키고 싶은 의미를 슬로건에 담는데, 이쁜꽃도 그런가요?

유미 '사랑과 용기' 이전에는 'Love, Faith, Fantasy'라는 말을 썼어요. 무엇이든 빠르게 변하는 시대에서 사람들이 섬처럼 변해가잖아요. 흩어진 존재들을 연결하기 위해선 상투적이고 보편적인 가치가 필요했죠. 그래서 사랑과 믿음, 환상이 술에 담겨야 된다고 생각했어요. 일단 술은 사랑으로 이어질 확률이 높고, 술을 마시며 하는 건배는 과거에 서로의 신뢰를 확인하는 용도로 쓰였대요. 세게 부딪치면서 술이 섞이니까 잔에 독을 타지 못하거든요. 그리고 술은 어느 정도의 동경과 환상을 끌어올리고요.

창협 '사랑과 용기'라는 말은 이후에 좀더 즉흥적으로 나왔어요. 한때 일본 동요 대회에서 2등인 '노노카짱'이 인터넷에서 유명했어요. 그래서 1등은 누굴까 찾아보니 '사랑과 동료'라는 노래를 불렀더라고요. 근데 제가 어이없이 '사랑과 용기'로 들은 거예요. 두 단어가 톱니바퀴 맞물리듯 굴러가는 느낌이라 새로운 술의 이름으로 붙이고 슬로건처럼 자주 말하게 됐죠.

동명의 막걸리는 '신신예식장'을 운영하시던 故 백낙삼 대표님과 최필순 여사님께서 홍보에 함께해 주셨죠. (신신예식장은 생계가 어려운 부부들을 위해 1만 6천 쌍 이상의 결혼식을 무료로 진행했다. 현재는 아드님이 이어받아 운영 중이다.) 술을 한 잔씩 나눠 드시는 두 분이 애틋해 보였어요.

창협 선생님과 여사님은 사랑하는 이들이 용기를 가지고 살 수 있도록 응원해 주는 일을 하셨잖아요. 두 분의 철학과 일생이 이쁜꽃이 만들어갈 이야기에도 깃들길 바라면서, 찾아뵙고 영상으로 남겨두었죠. 선생님이 아내분을 엄청 사랑하셨던 게 떠올라요. 아이를 바라보듯 시선이 따라가며 아내를 먼저 챙기셨죠.

유미 찾아뵐 때까지만 해도 정정하셨는데 갑자기 별세 소식을 들어서 너무 슬펐어요. 시간이 지난 후에 여사님께 인사드리러 갔을 때도, 선생님이 자기를 얼마나 예뻐해 줬는지 한참을 얘기하시더라고요. 대표님이 돌아가신 후에는 신신예식장을 돕고 싶은 사람들이 자발적으로 찾아오면서 다시 북적이는 곳이 되었죠.

사람 사이를 잇는 사랑과 용기를 또 한 번 느꼈겠어요. 어느 대화에서 유미 씨가 "술을 만드는 건 사람의 이야기를 수집하는 것과 같다."라고 하셨던 게 떠올라요.

유미 생존에 필요한 것을 제외한 영역은 언어로 귀결된다고 느껴요. 술도 그렇지 않을까요? 술에 대한 심상을 표현하고자 할 때 각자의 언어 세계에서 완성되겠죠. 만드는 사람과 마시는 사람의 언어가 있고, 마시는 사람들 사이에서도 저마다 구축한 세계가 전부 다를 테고요. 그 언어에서 비롯된 다양한 관점을 통해 나의 경험을 바라보게 되는 것 같아요. 그게 잉여 문화의 역할이라고도 생각하고요.

창협 혼자 마실 때도 마찬가지예요. 혼자 먹는 사람들도 결국에는 자기 자신과 대화를 하고 있을 테니까요. 이야기를 만드는 매개가 바로 술인가 봐요.

브랜드를 차근차근 꾸려가던 시기에 육아도 시작됐죠? 출산 전후로도 바쁘게 일했다고 알고 있어요.

유미 정말 그러면 안 된다고 말하고 싶어요. 출산 전날까지 일하고 제왕 절개 마취에서 깨자마자 업무 전화를 받기도 했어요. 아기를 낳고도 잘할 수 있다는 걸 보여주고 싶었거든요. 나중에는 그 모습을 대단하게 바라보는 분들도 있더라고요. 하지만 저는 무척 후회하고 있고 그렇게까지 무리할 필요가 없다고 생각해요.

충분한 회복이 필요한 시기니까요. 리사를 처음 만났을 때는 어떤 기분이었어요? 둘 사이에 제3의 존재가 등장한 거잖아요.

유미 힘들고 바쁜데도 아이를 보면 웃음이 나오더라고요. 마음에 태양이 항상 떠 있는 것 같았어요. 아이의 어린 시절을 보면서 우리 부모님이 이해가 되기도 해요. 과거와 현재와 미래가 이어지는 이상한 기분이 들죠(웃음).

유미 씨는 "리사가 건강한 음주 문화가 정착한 세상에서 살길 바라는 마음"으로 브랜드를 꾸리고, 창협 씨는 "리사가 공감하기 어려운 이야기는 쓰지 않겠다."라고 책에 기록해 두었어요. 부부의 현재에서 리사의 미래를 배제하고 싶지 않은 마음이 느껴졌어요.
창협 리사가 이런 집에 태어나버렸잖아요. 엄마는 술을 빚는 사람이고, 아빠는 술 이야기를 쓰고 말하는 사람이니까요. 아마 리사가 크는 과정에서 이른 시점에 자연스럽게 술이라는 액체를 접할 수밖에 없을 거예요. 저희는 술을 좋아하지만 한편으로는 사회적 비용이 많이 들면서 과용의 부정적인 점도 많은 액체예요. 리사가 자신도 술을 좋아할지, 말지를 결정할 땐 스스로 기준을 갖추길 바라면서 모든 행동에 리사를 생각하게 되더라고요. 저희는 리사가 술을 한 모금도 마시지 않는 사람이 되어도 괜찮아요.

혼자일 때와 비교하면 세 식구가 되면서 달라진 점이 있어요?
유미 완전히 다른 세상이 펼쳐지죠(웃음). 브랜드를 운영하면서 감각이나 의미를 날카롭게 벼르는 걸 반복해 왔는데, 요즘에는 조금 무뎌졌어요. 내가 추구하고 싶은 지점이 어딘지는 알아도 거기에 도달하기까지 변수가 늘어났거든요. 혼자였다면 금방 끝낼 일들인데도요. 어떤 때는 이런 부분이 아쉽기도 한데, 지금 나의 상황에서 볼 수 있는 다른 지점이 있을 거라고 생각해요. 그때와는 조금 다른 역할이 주어진 거라고 받아들이려고요.

다양한 역할을 함께 해내는데, 서로가 서로에게 어떤 존재인지 듣고 싶어요.
창협 저희 사이에 가림막을 세워 두고 말해야 할 것 같은데요(웃음). 음, 저는 제가 지나치게 자기중심적인 사람 같아요. 타인의 감정을 헤아리기보다 내 마음에 집중하기도 하고요. 어릴 때 일본에서 살다 온 것 때문에, 뉘앙스 차이에서 비롯된 오해가 없도록 말이나 글을 분명히 전하고 싶어서 지나치게 날카로워질 때가 있어요. 유미 님은 제가 생각하지 못하는 뾰족함을 둥글게 다듬어주는 사람이에요. 시야를 넓혀줘서 도움도 되고 고맙고, 또 많이 의지하고 있습니다.
유미 저에게 창협 님은 본인의 이름 같아요. '창협'이라는 말에 파열음이 많잖아요. 이 사람을 생각하면 바람이 불어오는 것처럼 '쾌快'라는 글자가 떠올라요. 저에게 상쾌한 바람을 불어주는 사람인가 봐요.

뭉근한 사랑이 느껴지는데요. 부부의 쉬는 시간이 생길 땐 무얼 하세요?

유미 리사가 잠들면 창협 님이랑 수다를 엄청 떨어요. 별거 없이 유튜브에서 뮤직비디오 하나만 틀어놔도 할 이야기가 많거든요.
창협 요즘에는 날이 더워지니까 저렴한 화이트 와인을 얼음 잔에 콸콸 부어서 마시기도 해요. 이국적인 느낌도 나고, 음료수처럼 편하게 마시기 좋아요.

리사가 커서 두 분과 술 한잔하는 모습을 상상하면 어떤 기분일까요?
창협 저는 너무 좋을 것 같은데요? 오랫동안 간직한 꿈이 있거든요. 리사가 밖에서 친구들이랑 술 먹고 집에 와서, 저한테 칵테일을 한 잔 말아 달라고 하는 거예요. 제가 척척 만들어주면 한 입 먹고는 "역시 아빠가 만든 게 최고야!"라고 하는 거죠.
유미 저는 말도 안 되는 소리 하지 말라고 해요.
창협 그래도 언제나 그날을 꿈꿉니다!

긴 대화를 마치고 찾아온 리사와의 오붓한 시간. 리사는 테이블 위에 놓인 향수를 가리키며 말했다. "이거 리사 냄새야." 쌀알을 술로 빚던 유미 씨가 '사랑과 용기 테라피'를 통해 기억을 향으로 빚어낸 한 병의 향수였다. 사랑을 가진 이들이 전하는 용기는 어떤 매개체를 통하든 오롯한 모양으로 존재하는구나, 어디든 뚜벅뚜벅 걸어 나가는 모양새가 참 당차구나. 둥근 볼로 말갛게 웃는 리사를 보며 생각했다.

아이에게 좋은 것만 보여주고 싶은 게 부모 마음이라고 했다.
아빠 남필우와 엄마 김새롬이 서진이에게 주고 싶은 것은 단순히
유익한 것이 아닌, 자신들의 취향이 담긴 세계다. 글로벌 아티스트
에이전시 '핀즐'의 크리에이티브 디렉터이자, 디자인 스튜디오
'폴라웍스 아트코'를 운영하며 매거진 《BGM》과 《hep.》을
만드는 아빠, 일러스트레이터 '로말리' 엄마와 함께 보내는 하루
동안, 서진이는 자신이 좋아하는 걸 알아채는 감각을 쌓아간다.

우리의 취향으로부터 자랄 너의 우주

남필우―편집자·김새롬―일러스트레이터

에디터 차의진
포토그래퍼 임정현

방금 서진이가 저한테 그림 선물을 주고 갔어요.

필우 에디터님을 그렸나 봐요. 서진이가 그림 그리는 걸 좋아해요. 나중에 가치가 올라갈 수도 있으니 잘 보관해주세요(웃음).

그럴게요(웃음). 서진이는 굉장히 외향적인 것 같아요. 두 분도 그런 편이세요?

새롬 서진이는 관심받거나 칭찬받는 걸 좋아해요. 예전에 '스탠딩에그'의 'SAY YES' 뮤직비디오에 출연한 적이 있는데요. 자기 모습이 영상에 나오는 것도 되게 좋아하더라고요. 우리는 서진이만큼 외향적이지는 않지만 사람들을 굉장히 좋아해요.

서진이가 태어나기 전에는 지인들도 자주 만나고 즉흥적인 여행도 즐기는 부부였다면서요.

필우 맞아요. 둘이 새벽에 갑자기 바다로 떠나기도 하고, 놀면서 24시간 이상 깨어 있던 적도 있어요. 익스트림한 활동도 좋아했고요. 결혼 1주년 때는 같이 인천 굴업도로 백패킹을 갔거든요. 그런데 태풍 오고, 바람에 텐트 안 날아가게 하려고 애쓰고…. 그런 기억도 있네요.

새롬 아이 낳고 나서는 그런 생활과 완전히 단절됐죠. 둘 다 예쁜 거 보는 걸 좋아하는데 이제 그런 공간은 가끔 갈 수 있고, 집에서의 생활이 주예요. 그래서 집을 더 예쁘게 꾸미려고 하나 봐요.

아이와 함께하는 일상은 이전과는 아주 다르죠?

필우 예전에는 육아의 타임테이블을 경험해 본 적이 없어서 아기가 자다가 두 시간마다 깬다는 걸 몰랐어요. 그때마다 일어나니까 피로가 누적되더라고요. 개인 시간을 보내려면 아이의 생활 패턴에 맞추고 남는 시간을 활용해야 하는데 그 시간에도 피곤했어요. 서진이가 유치원을 다니는 지금까지도 새롬이는 본인의 삶이 거의 없어요.

새롬 그래도 지금은 아이가 유치원을 가면 개인 시간을 보내고, 서진이도 스스로 할 수 있는 게 많아지다 보니까 좀 나아지긴 했어요. 요즘엔 오빠가 조금 늦게 퇴근하고 들어와도 마음의 여유가 있고요.

서진이의 탄생을 기점으로 부부의 모든 생활이 아이 중심이 된 거네요.

필우 네. 요즘 식당에 가면 저와 새롬이가 각자 음식을 끝까지 안 먹고 일단 기다려요. 서진이가 전보다 식사량이 늘어서 더 먹겠다고 하는 경우도 있거든요. '우리의 1순위는 서진이가 맞구나.' 그런 생각이 들더라고요. 그리고 이젠 결혼 안 한 친구들과 만나기가 좀 어렵긴 해요. 서진이를 데리고 가기엔 모임 시간이 너무 늦거나,

서진이랑 같이 즐길 거리가 없어요. 반면에 아이가 있는 새로운 가족들과 만남이 이어지더라고요. 아이가 있는 집은 식당 고르는 기준, 라이프 스타일 같은 것들이 다르거든요.

결혼 초 두 분이 즐기던 삶이 워낙 자유로웠기 때문에 아쉬움이 더 클 것 같기도 해요.

필우 그래서 예전에 둘이 즐기던 걸 서진이도 함께 집에서 경험하게 하려고 노력해요. 처음엔 셋이 같이 그림을 그렸어요. 그림은 엄마의 취향이에요.

새롬 요즘엔 서진이가 꽂히는 음악이 있으면 아빠와 공유하더라고요. 아빠가 매달 서진이한테 플레이리스트를 만들어준다고 구형 아이팟도 샀어요.

우와, 아빠가 만들어주는 플레이리스트요?

필우 스트리밍 서비스에서도 플레이리스트를 만들 수가 있지만 물성으로 만지게 해주고 싶어서 MP3 파일을 매달 30곡씩 구매하고 아이팟에 넣을 거예요. 월별 주제도 정하고요. 서진이에게 다양한 장르의 음악을 들려주고 싶거든요. 제가 아이한테 해줄 수 있는 작은 프로젝트예요. 나중에 록 페스티벌 같은 데 함께 가는 게 꿈이기도 해요. 음악이든 그림이든 아이가 자신의 감정을 표출할 수 있는 여러 도구가 있으면 좋겠어요.

새롬 저는 아침에 서진이를 등원시킬 때 차에 라디오를 틀어놓는데 이제는 음악이 나오면 악기만 나오는지, 목소리가 나오는 음악인지 구분해서 저한테 얘기도 해주더라고요.

이렇게 아이가 다양한 걸 보고 경험하게 하는 이유가 궁금해요.

필우 서진이가 멋진 편집인이 됐으면 좋겠어요. 요즘은 책을 넘어서 다양한 걸 편집하는 시대잖아요. 여러 경험을 하며 안목이 높아져서 자기 기준에 따라 추천할 수 있는 것들을 선별하는 사람이 되기를 바라요. 그리고 요즘은 어린 친구들도 유튜브에서 어른들이 보는 걸 같이 보잖아요. 이왕 그런 시기를 겪어야 한다면 우리가 좋다고 생각하는 콘텐츠를 같이 보고 들었으면 좋겠어요. 아이들만의 세계도 있으니 어쩔 수 없이 만화도 보지만요.

새롬 다른 부모님들도 똑같겠지만 새로운 걸 경험하게 한다고 무조건 즐거워하지는 않으니까, 회의감이 들 때도 물론 있어요. 대단한 전시를 보여준다고 아이가 감탄하지는 않더라고요(웃음).

필우 그래서 주변에 재밌는 직업을 가진 분들이 많으니까 좀더 크면 그분들이랑 같이 시간을 보내게 하고 싶어요. 음악 작업이나 그림 그리기를 경험하게 한다면 저 친구에게 큰 도움이 되겠죠.

부모님의 취향뿐만 아니라 주변인들의 취향에도 좋은 영향을 받겠어요.

필우 그럴 것 같아요. 제가 서진이가 태어난 지 얼마 안 돼서 일기에 아이에게 하고 싶은 말을 많이 썼더라고요. 그중에 그런 것도 있었어요. 아빠는 네가 좋은 친구들을 만나기보다는 네가 친구들에게 좋은 사람이 됐으면 좋겠다, 그러니까 세상을 바라보는 기준이 자신이 됐으면 좋겠다는 이야기였는데요. 이건 이기적인 것과는 조금 달라요. 새롬이와 저는, 아이가 내가 어떤 걸 좋아하는지, 나는 어떤 사람인지를 일찍부터 알기를 바라요.

필우 씨는 편집인이 되기 전에는 음악을 했다고요.

필우 저는 배고픈 걸 모르고 하는 일이 그 사람이 제일 좋아하는 일이라고 생각하는데 저한테는 음악이 그랬거든요. 악기 연주하고 음악 하는 게 삶에서 제일 재밌었어요. 곡도 쓰고 녹음도 하면서 팀을 확장해 나갈 때 새롬이를 만났죠. 지금은 조금 미뤄졌는데 언젠가 음악을 하는 게 삶의 목표예요.

새롬 씨는 일러스트레이터 로말리로 활동하고 있죠?

새롬 디자인을 전공했지만 관련 없는 일을 했었어요. 그러다가 결혼하고 나서 오빠가 다시 그림을 그리면 어떻겠냐고 제안하더라고요. 일러스트랑 포토숍을 다시

공부해서 취미로 그림을 시작했는데 오빠가 일러스트 페어에 출전해 보자고 해서 재밌게 다녀온 뒤부터 일러스트레이터 활동을 시작했죠. 마침 그때 아기가 생겨서 일을 쉬었지만요.

필우 일러스트 페어가 전환점이 됐어요. 보통 조그만 부스에 작품을 올려놓기만 하는데 우리는 새롬이 작품이 공간과 어울리도록 핑크색 벽에 앤티크 가구도 갖다 놓고 연출했거든요. 그리고 귀여운 캐릭터 중심의 일러스트가 아니라 누구나 아는 사물을 친근하게 표현하니까 색달랐나 봐요. 사람들 반응이 좋았고 그 뒤로 협업도 많이 했죠. 그리고는 작업실을 마련하려고 했는데 서진이를 갖게 돼서 그러진 못했어요. 좀 아쉽기도 해요. 중간중간 삽화 작업은 계속해 왔지만요.

어떤 마음으로 일러스트 페어에 나가보자고 제안한 거예요?

필우 일러스트 시장에서 빈틈이 보였는데 그 영역에서 새롬이가 빛을 발할 수 있을 것 같았거든요. 그게 그때는 정확히 맞았어요(웃음). 새롬이가 작업을 시작한 건 저한테도 전환점이 됐는데요. 이전까지 매거진을 만들겠다는 계획만 갖고 있다가 새롬이의 일러스트 북을 만들어주게 됐어요. 어쩌다 보니 제 첫 출판물이 새롬이의 작품집이 된 거예요. 그걸 계기로 출판을 시작했죠.

와, 아내와의 작업이 다양한 매거진을 발행하게 된 기반이 된 거네요?

필우 그렇죠. 이전엔 제 개인적인 결과물도 없었고, 관찰자로서 그림이나 디자인을 좋아했다면, 일러스트 페어 이후로는 플레이어로서 적극성을 띤 것 같아요.

새롬 저도 혼자였다면 못 했을 거예요. 저는 워낙 아날로그적인 사람이라 그림에 그래픽을 넣는 법이나 행사에 참여하는 경로도 잘 몰라요. 둘이 시너지를 낸 거예요.

필우 서로 못하는 걸 해줄 수 있는 부분이 잘 맞았어요. 일상에서도 서로 잘하고 못하는 부분이 명확히 나뉘어 있어요.

어떻게요?

필우 예를 들어 새롬이가 닦아내는 청소를 잘한다면, 저는 정리를 잘해요. 같이 하면 집이 더 깨끗해지는 거죠.

새롬 또 저는 한 번에 몰아서 하는 걸 못 해서 매일 어느 정도 깨끗한 상태가 유지되어야 하는 사람이에요. 설거지도 쌓아놓는 걸 싫어하고요. 그런데 오빠는 이만큼 쌓아놓고 해결하는 스타일이에요.

필우 정리라는 건 정리할 게 쌓여야 하니까요(웃음).

맞아요(웃음). 두 분의 성향 차이가 일에서 시너지를 발휘할 때도 있어요?

필우 저는 한 작품에 담긴 이야기를 살펴보는 편이라면, 새롬이는 직관적인 느낌을 봐요. 그래서 디자인할 때 새롬이한테 얻는 조언이 큰 도움이 돼요. 매거진 내기 전에 표지도 항상 보여주고 피드백을 받거든요. 시장에 나가기 전 일단 예방 주사를 맞는 느낌이랄까요?

새롬 사장한테 확인받는 것처럼 결과물을 한 번씩 보여줘요(웃음). 제 시선을 믿어주니 고맙죠.

디자인과 관련이 깊은 부부라 그 차이도 발견할 수 있나 봐요. 필우 씨처럼 새롬 씨도 작업할 때 남편에게 영향을 받기도 해요?

새롬 작업에서는 별개인 것 같긴 해요. 저는 워낙 작업을 즉흥적으로 하고 몰입도가 높은 날만 작업을 이어가는 편이거든요.

필우 제가 해외 아티스트를 국내에 소개하는 플랫폼에서 일하니까 새롬이가 봤으면 하는 걸 보여주곤 했는데, 별 소용이 없어요(웃음). 새롬이는 본인 안에서 우러나와야 작업을 할 수 있는 스타일이라서요. 그래서 우리는 어딘가를 같이 가야 해요. 같이 보고 느껴야 영감이 더 샘솟는 것 같아요.

공통적인 취향 이야기를 들어보고 싶어요. 공간, 음악… 어떤 분야에서든지요.

필우 우리는 깔끔하고 컬러풀한 공간을 좋아해요.

새롬 예전에는 '무인양품'처럼 정제된 느낌을 좋아했는데 아파트에서는 그런 스타일이 심심하더라고요. 또 집이 아예 작다면 꾸미기가 좀더 쉬운데 너무 크지도 작지도 않아서 오히려 색깔을 둬야 재밌을 것 같았어요.

색이 다양해서 곳곳에 시선이 향하게 돼요. 그럼 이참에 집 소개도 해주실래요?

새롬 먼저 거실은 가족들이 식사도 하고 제가 작업하는 공간이에요. 카페 같은 분위기를 조금이나마 느끼고 싶고 색감을 워낙 좋아하니까 색깔 있는 가구를 많이 놨어요. 아이가 어릴 땐 거실에 놀이 매트 깔고 장난감을 바닥에 놓고 지냈는데, 아이가 좀 큰 뒤엔 아예 방을 만들어줬어요.

그러고 보니 일반적인 집과 달리 거실에 소파가 없네요?

새롬 패브릭 소파가 먼지가 많이 나니까 서진이한테 좋지 않을 것 같았고, 소파가 공간도 많이 차지해서 다른 걸 꾸며 놓기가 어려워서 치웠어요. 그런데 오빠가 퇴근하고 앉아서 쉴 공간이 없긴 해요.

필우 하지만 지금 앉아 있는 의자도 있고요. 잠깐 숨겨 놨는데 편한 캠핑 의자가 있어서 혼자 거기서 쉬기도 해요(웃음).

캠핑 의자 너무 편하죠! 서진이 방은 서진이한테 소개를
들어봐도 될까요?
새롬 (함께 방으로 이동한다.) 서진아, 이모한테 이 방은 어떤
방인지 소개해 줄래?
서진 (의자를 가져온다.)
새롬 아, 이모한테 의자 드리는구나.

고마워요. 여기 앉아 있을게요.
필우 서진이가 소개해 드려. 서진이는 여기서 뭐 하고 지내?
서진 놀고 책 읽고 그림 그려요.
새롬 이 방의 주제는 뭐야?
서진 (엄마, 아빠와 찍은 사진, 그림을 가리킨다.) 여기에 힌트가
있어요.

엄마, 아빠 사진이랑 서진이가 그린 그림을 많이 붙였구나?
(새롬에게) 예전에 SNS로 본 구조와 방이 또 달라졌어요.
새롬 서진이가 그랬어요. 내 방은 왜 이렇게 진화를
많이 하냐고. 엄마, 아빠가 소품을 놓고 계속 무언가를
바꾸니까요.

방에 있는 소품들은 부모님 취향이 담긴 건가요?
새롬 맞아요. 벽에 CD플레이어도 걸려 있는데요.
아빠 취향은 음악이잖아요. 서진이가 듣고 싶은 음악을
스스로 틀 수 있도록 아빠가 설치해 줬어요.

옆방은 아빠 작업실이죠? 컬러풀한 거실보다는 좀더
정제된 느낌이에요.
필우 거실과 다르게 차가운 느낌이 나면 좋을 것 같아서
스틸이나 화이트, 블랙이 주 컬러가 되도록 맞췄어요.
새롬 바빠서 밤을 자주 새우는 편이라 여기서 혼자 일하고
조용히 출근할 때가 많죠.

소개해 주셔서 감사해요. 바쁜 아빠지만 퇴근 후에
아이와 함께 보내는 시간은 꼭 지킨다고요.
필우 같이 시간을 보내려고 엄청나게 노력해요. 사람인지라
피곤할 때도 있지만요. 요즘은 트럼프 카드로 서진이가
정한 규칙대로 말도 안 되는 게임을 해요. 요새는 듣기
어려운 '애국가'나 '독도는 우리 땅' 같은 곡도 들려주고요.
또 의정부미술도서관에 매주 가서 동화책 두 권 읽어주고,
간식도 먹고 한 바퀴 둘러보고 나와요. 공간이 예뻐서
저희도 가면 기분이 좋고, 서진이가 도서관을 멀게 느끼지
않길 바라서요. 교육이자 취미로 받아들이면 좋겠어요.

그 시간을 중요하게 생각하는 이유가 있어요?
필우 그런 거 아닐까요? 인성. 제 주변엔 멋진 분들도 많지만
상대방을 배려할 수 있는 사람들과 오래 교류하는 것 같고,
그런 사람들을 곁에 두는 게 좋더라고요. 서진이가 아빠와
시간을 보내면서, 의견도 내고 아빠 의견을 수렴하는
과정이 작은 사회를 경험하는 일이라고 생각해서 이 시간을
중요하게 여겨요.

저녁 시간도 아이에게 다양한 걸 보고 듣고 경험시켜
주는 일이 대부분이네요.
새롬 부모가 해줄 수 있는 건 거기까지라고 생각해요.
억지로 공부를 시키고 싶지는 않아요. 잘하면 물론
좋겠지만 공부만 잘한다고 사회에서 영향력을 크게
발휘하는 사람은 주위에서 많이 못 본 것 같거든요.
아이가 재미있게 크면 좋겠다는 마음이 더 크죠. 그래서
아이의 계획표를 짜서 움직이게 하지 않고 선택에 맡기는
편이에요. 숙제를 안 하면 선생님께 혼나는 건 너의 몫이니
네가 결정하라고 말하기도 하고요(웃음).
필우 공부를 잘해야 성공하는 건 아니라는 새롬이 말에
정말 공감해요. 관계를 잘 맺는 사람들이 더 성공하는
것 같아요. 필요할 때는 상대가 원하는 이야기를 해주고,
본인을 어필해야 할 때를 위해서 상황을 파악할 수 있는
넓은 시야도 가져야 하잖아요.

저도 그렇게 생각해요. 두 분의 교육 방식이 아이가
주체적으로 자라는 데 도움이 되겠어요.
새롬 최근에는 윗옷부터 양말까지 빨간색을 입고

마지막으로 한 사람으로서는 어떤 꿈을 꾸고 있는지,
서진이에게는 어떤 부모님이 되고 싶은지 듣고 싶어요.
새롬 지금 제 꿈을 펼치는 것보다는 항상 아이 옆에 있어
주고 싶어요. 멋지게 일하는 것도 좋지만 아이가 필요할 때
곁에 있길 바라요. 서진이가 요즘은 그러더라고요. "엄마가
기르는 토마토를 잘 키워서 시장에서 팔고 맛있는 밥을
사줬으면 좋겠어요." 그 이야기를 듣고 좋은 엄마는 밥을
사주는 엄마인지, 밥을 해주는 엄마인지 싶었지만(웃음).
서진이한테 어떤 엄마가 좋은 엄마일지는 모르겠지만
지금은 가까이서 사랑해 주고 싶은 마음이 더 커요.

귀여운 대화예요(웃음). 필우 씨는 어떤 꿈을 꿔요?
필우 개인적으로는 음악을 언젠가 꼭 하고 싶어요.
프로필에 싱어송라이터나 뮤지션이라고 쓰는 게 최종
목표예요. 서진이에게는 그냥 재밌는 아빠가 되고 싶어요.
아이와 시간을 많이 보내는 재밌는 아빠요. 그리고
존경까지는 아니어도 멋진 아빠였으면 좋겠어요. 나중에
서진이가 감각적인 시야가 생겼을 때 아들에게 제가 만든
결과물이 멋지다는 얘기를 듣고 싶어요. 그걸 염두에 두고
어떻게 하면 시대에 얽매이지 않고 멋진 결과물을 만들지
고민하면서 일해요. 꿈꾸고 성장하는 모습을 꾸준히
보여주고 싶어요. '아빠는 할아버지가 되어서도 계속하고
싶은 게 있네.' 하고요.

나가겠다고 하더라고요(웃음). 그럴 땐 제 의지를
발휘하지만 아이 선택을 인정해 주는 편이에요.
필우 감각적인 사람들이 성공하는 시대잖아요. 저도 많은
분들을 인터뷰하다 보면 할아버지가 쓰던 카메라로 사진을
찍다가 포토그래퍼가 되거나, 아빠가 기타 치는 걸 보고
기타리스트가 된 경우가 있어요. 주변 환경이 확실히
중요한 거죠. 그리고 새롬이가 말한 것처럼 본인의 선택에
따른 결과를 받아들이는 게 다음 단계인 것 같아요. 좋지
않은 선택을 했다면 그 결과를 감내하고, 다음 선택을 잘할
수 있는 사람으로 크면 좋겠어요. 짧은 시간 내에 자신의
선택에 대한 결과를 상상하고 예상할 수 있는 사람이요.

필우 씨는 다양한 일을 하면서 매거진도 꾸준히 발행하고
있잖아요. 많은 일을 하면서 가정의 삶까지 놓치지 않는
모습이 대단하게 느껴져요.
필우 저는 한 사람으로서의 삶을 잘 살아내고 싶거든요.
또 회사나 집에서 동일한 사람이 되고 싶고요. 그렇지 못한
사람이 많잖아요. 제가 시간 분배를 잘하면 더 많은 일을
할 수 있고, 그 덕분에 우리 가족이 행복하다는 걸 알게
됐어요. 더 치열하게 사는 분들도 많은데 저는 그래도
안정된 상태에서 나아갈 수 있는 정도예요. 할 수 있는
선에서 행복한 마음으로 일과 가정을 챙기고 있어요.

남필우—편집자·김새롬—일러스트레이터

서진이네 가족의 취향이 담긴 소품들

1.

2.

1. 바다 생물 그림 시리즈

셋이 함께 만든 작품이에요. 단색화를 소장하고 싶은데
가격이 부담스럽다 보니 새롬이가 마스킹 테이프를 붙여서
비슷하게 만들었어요. 어느 날 서진이가 바다 생물을
시리즈로 그려내는데 너무 재밌는 거예요. 그림 위에
제가 생물 이름을 썼고, 새롬의 단색화 위에 붙였어요.
우리가 순간순간 쏟아낸 감각들이 모인 결과물이에요.

2. 뱅앤올룹슨 빈티지 유선 전화기 베오컴

우리 가족이 추구하는 삶의 방향과 물건의 특성이 응축된
소품이에요. 서진이가 멀티미디어 기능이 있는 휴대폰을
바로 쓰기보다, 유선 전화로 전화 예절을 배우길 바랐어요.
구매 전 전화기를 보여주니 서진이가 너무 좋아해서
단숨에 개통까지 했죠. 이제 벨이 울리면 부리나케
달려와서 전화를 받고 신기해해요. 예쁘기도 하고
옛날 생각도 나는 물건이에요.

어떤 사이냐 물으신다면

직장 동료로 만난 혜빈과 진구는 함께 다닌 회사를 떠나며 한 가지 약속을 했다. 2년 동안 같이 공간 디자인 그룹 '콩과하'로 활동해 보자고. 느슨한 계약은 정반대 성향의 두 사람이 하나의 사무실을 쓰게 했다. 주거 공간부터 극장 '무비랜드'까지 가슴 뛰는 프로젝트를 하나씩 도맡다 보니 어느새 약속한 지 4년이 흘렀다. 혜빈과 진구는 그 세월 동안 서로를 위해 각자의 모서리를 둥글게 매만졌다.

나의 모서리를 다듬어

김혜빈·하진구—콩과하

에디터 차의진
포토그래퍼 김혜정

콩과하 소개를 들어보고 싶어요. 전시와 홈페이지 등에
테니스라는 소재를 주로 활용하고 있죠?

혜빈 콩과하의 SNS 프로필 사진을 정할 때 별다른 의도
없이 테니스공이 그저 귀여워 보여서 골랐어요. 그러다
이곳 신촌문화관 입주사 전체가 참여하는 전시를 준비한
적이 있었는데요. 문득 테니스를 소재로 활용해 볼까
싶어서 조사해 보니 콩과하와 관련 깊은 정보들이 나오는
거예요. 저희는 클라이언트를 '사랑'해야 좋은 작업이
나오는 것 같다는 이야기를 많이 해왔는데, 테니스에서는
숫자 0을 '러브'라고 부른대요. 신기하다고 느꼈어요.

진구 복식일 때 코트를 더 넓게 쓰고, 선수가 부부나
연인이 아니어도 팀을 이룬다는 점도 좋았어요.
코트를 중앙에 두고 공을 주고받는 모습이 마치 저희와
클라이언트가 의견을 주고받는 모습 같기도 하고요.

테니스와 콩과하가 운명처럼 맞물린 거네요.
클라이언트를 사랑한다는 건 어떤 의미예요?

혜빈 클라이언트를 애정하는 마음으로 깊이 이해해야,
그들이 사용하기 적합한 작업물이 나온다는 의미에서
사랑한다는 표현을 쓴 거예요. 제 눈에 만족스럽게 공간을
디자인해도 쓰는 사람들이 원래의 결과물을 바꿀 때가
있었어요. 처음엔 그걸 받아들이기 어렵기도 했죠. 하지만
저희의 작업물이 어떤 방식으로든 불편하거나 마음에 들지
않았던 것이었을 테니, 본래의 디자인 그대로가 충분할
방법을 고민했어요. 그 결과 우리가 그들을 더 잘 이해해서
필요로 하는 것들을 미리 마련해야 한다는 걸 깨달았고요.
이때 한 사람을 이해하려는 노력은 애정이 있어야 가능해요.
그를 위해선 그 사람과 인간적인 관계를 맺어야 하죠.

클라이언트를 이해하기 위해 어떤 과정을 거치나요?

진구 그들을 알아가고 싶어서 민감할 수 있는 질문도
미팅 때 서슴없이 물어봐요. 예를 들어 주거 공간 디자인
프로젝트를 한다면, 부부가 같이 자는지, 아침은 먹는지
같은 것들을 묻죠. 클라이언트의 의뢰 목적에 부합하게
그들이 공간에서 잘 지내도록 디자인하는 일이 저희
역할이라고 생각해요.

혜빈 한 클라이언트 부부는 시바견 두 마리를 키웠어요.
시바견은 단모종이라 털이 많이 빠져서 청소하기 쉽도록
가구가 바닥에서 떠 있었으면 좋겠다는 의견을 줬죠.
그래서 저희는 가구가 바닥에서 30센티미터 정도
떠 있도록 다리를 없애고 가구를 벽에 붙였어요.

진구 그 집에서 또 재밌었던 점은 부부가 동시에 씻어야
할 때가 많지만 욕실이 하나였던 거였어요. 그래서 방
하나를 욕실로 만들었어요. 두 사람이 각자의 공간에서
씻을 수 있도록요.

그러고 보니 두 분이 함께 발맞춘 건 꽤
오래전부터였다고요.

진구 디자인 스튜디오 '더퍼스트펭귄'에서 동료로 만난
사이였어요. 저는 현장 감리를 주로 담당하는 디렉터,
혜빈 씨는 디자이너였는데요. 둘이 한 팀이 돼서
많은 프로젝트를 진행했어요.

혜빈 진구 씨가 디렉터 역할을 완벽하게 해줬어요. 현장
상황상 원하는 디자인을 구현하기 어려울 때도 최대한
원래의 계획을 반영하려고 노력해 줬거든요. 또 진구 씨는
저랑은 다르게 성격이 외향적이라 현장 사람들을 살갑게
대하고 잘 이끄는 점이 좋았어요.

독립을 결심했을 때 서로 선택하게 된 이유는 뭐였나요?

혜빈 저는 삶을 예상치 못한 방향으로 틀어보는 걸
좋아하는 편이에요. 그때 지금의 나한테 제일 살벌한
도전은 이직보다 퇴사라고 생각했어요. 게다가 이직은
제 이름으로 뭔가 해볼 기회가 없잖아요. 거기에 있어서
진구 씨는 보험 같은 존재였죠. 진구 씨와 함께한다면 일도
왠지 들어올 것 같았어요(웃음).

진구 오랜 기간 함께 일하던 친구들이 독립하면서 회사를
하나둘 떠났어요. 그러니까 혜빈하고 저만 남은 거예요.
그때 저는 디자이너의 일에도 관심이 있었는데, 디렉터로
일해왔기 때문에 이직은 어려울 것 같고 독립밖에 답이
없더라고요. 아까 혜빈은 제가 보험이었다고 이야기했는데
곁에 남은 사람이 혜빈밖에 없기도 했고(웃음), 회사
생활하면서도 잘 맞았어요. 현장에서 어쩔 수 없이
디자인과 다른 방법으로 시공해야 할 때 유연하게
받아들여 주거나 대체 방안을 같이 고민해 주는 점이
좋았죠. 이 친구랑 함께라면 든든하겠다 싶었어요.

서로 신뢰가 있었던 거군요. 본격적으로 일을 해보니
전과는 무엇이 다르던가요?

혜빈 먼저 저희는 성격이 완전히 달라요. 저는 한정적인
인간관계를 지향하는 편이고, 사람을 좋아하지만 만남에서
에너지를 많이 쓰고 돌아와요. 그런데 진구 씨는 모르는
사람을 만나는 것도 좋아하고 사람을 만나면 오히려
에너지가 충전된대요. 또 진구 씨는 전화로 일 처리를
바로바로 하는데, 저는 전화도 무서워하는 편이고요.

진구 저는 둘을 이렇게 표현하기도 해요. 고양이와 개.

두 분과 너무 잘 어울리는 표현이에요.

혜빈 회사 동료로 일할 때는 안 맞는 부분이 보이면 굳이
말하지 않고 넘겼는데, 콩과하로 함께하게 된 뒤엔 같이 더
잘 지낼 수 있도록 제 의견을 말하기 시작했어요.

혜빈 씨가 의견을 전한 방식이 궁금해지는데요.

혜빈 둘은 대화 방식이 아주 달라요. 진구 씨는 돌려
말하는 게 기본인 사람이라면, 저는 일할 때만큼은
솔직하게 이야기하거든요. 제가 솔직하게 말해서
진구 씨가 마음이 조금 상하거나, 진구 씨가 돌려
말하는 걸 제가 잘 알아듣지 못한 적도 있어요.

진구 저희 사이가 워낙 가깝다 보니까 혜빈이 마치
스스로에게 얘기하듯이 말한다고 느낀 거죠. 자기
결과물에서 보완할 점이 있다면 혼자 편안하게 이야기해
보는 것처럼. 저희는 팀이기 때문에 둘이지만 하나같은
애매한 경계에 놓여 있어서 솔직한 표현이 나오나 봐요.

혜빈 소통 방식을 맞추려고 2년 이상 노력했어요.
누군가에게는 자신이 투영된 결과물의 평가를 듣는 게
어려운 일일 수 있잖아요. 진구가 그게 어렵다면 제 표현
방식을 바꿔야겠다고 다짐하면서 조금씩 변화가 있었어요.

**함께 일하는 사람 사이에서는 정말 흔한 일이죠. 많이들
공감할 거예요. 그럼 현장에서 진구 씨는 어때요?**

진구 제 단점은 현장에서 "안 돼."라는 말을 많이 하는
거였어요. 견적이나 과정을 생각했을 때 혜빈의 디자인을
그대로 적용하기 어렵다 싶으면 안 된다고 자주 말했어요.
저도 혜빈을 푹 찌르는 거죠. 이런 일이 반복되면서 혜빈이
언젠가 저에게 말한 적이 있어요. 안 되는 걸 얘기하기보다
할 수 있도록 힘을 합하는 게 우리가 팀인 이유라고요.
그때가 변화의 계기였지 않을까요?

**서로를 위해 각자의 소통법을 바꾸고 더 나은 관계로
나아가기 위해 노력하는 모습이 좋아 보여요.**

진구 요즘에는 서로 다른 사람인 걸 계속 인지하려고 해요.
유튜브에서 뇌 과학, 심리 영상을 보면서 이런 고양이들을
어떻게 대할지 생각해 봐요. 영상을 맹신하지는 않지만
흐릿하게라도 배경을 깔고 한 사람을 바라보는 거죠.

**그런 영상이 다른 사람을 이해하는 데 도움이 되기도
하더라고요. 조금 뻔하지만 두 분은 서로에게 어떤
존재인지 궁금해요.**

혜빈 약간 얄미운 구석이 있어서 남동생 같은 느낌도
있어요. 근데 또 어떨 때는 되게 의젓하거든요. 그래서
형 같은 느낌도 있고.

진구 오빠지!

혜빈 오빠라고는 부르고 싶지 않아(웃음).

(웃음) 계속 이야기해 주세요.

혜빈 누구보다도 함께 많이 시간을 보내다 보니까 진짜
가족이 된 것 같아요. 많이 의지하면서도 인간 중에

제일 가까워요. "인간 중에"라고 말한 이유는 제가
키우는 강아지 '옹심이'가 제일 가까운 존재라서요.
작년에 개인적으로 힘든 일이 많았는데 진구 씨가 많이
도와주기도 했어요. 어떻게 저렇게 의연하게 많은 것들을
처리하고 해낼까 싶어서 대단하다는 생각도 많이 해요.
동갑인 친구인데도 존경심이 드는 순간도 많고. 좋아하는
인간이에요.

그럼 진구 씨에게 혜빈 씨는요?
진구 저와 많이 다른 혜빈은 디자인, 일하는 법, 사람을
대하는 방식 등에 있어서 제 시야를 트이게 해준 존재예요.
일례로 저는 관계의 선이 없는 편이라 다른 사람의 선을
자유롭게 넘나들었어요. 누군가가 관계에서 허용하는
정도를 알아보려고 일단 다가가 보곤 했던 거예요.
이제는 어떤 사람에게는 조심해야 할 부분도 있고,
신중하게 다가가야 할 필요도 있다는 걸 알게 됐어요.
일이든 생활이든 이 친구에게 맞추려고 심리 영상을
보기도 하고, 서로를 위해 노력하게 돼요. 좋은 관계죠.

스물넷 상진은 12만 구독자의 응원을 받는 유튜브 크리에이터 '이십이세 상진'이자, 제주에서 귤을 키우는 농부다.
그리고 '적당한 게스트하우스', 여행사 '제작소'를 운영한다. 그곳에서 만나 인연을 맺고 친구 이상의 존재가 된 사람들,
상진은 그들을 가족이라고 부른다. 그는 오늘도 낯선 이들을 두 팔 벌려 환영한다. 훗날 친구들, 아니 가족들과 함께 살
작은 마을을 만들기 위해.

가족을 모으는 사람

김상진—콘텐츠 크리에이터

에디터 **차의진**

사진 **김상진**

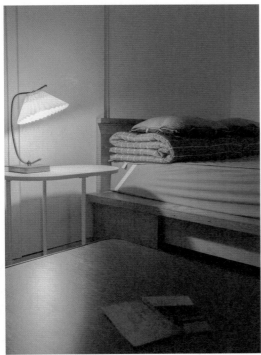

상진 씨 영상을 오래전부터 봐왔는데, 이렇게 만나 반가워요. 자기소개부터 해볼까요?

안녕하세요. 서귀포에서 감귤 농사를 본업으로 하고, 주말에는 게스트하우스 사장으로 일하는 김상진입니다. 이런 저의 일상을 담는 유튜버이기도 해서 총 세 가지 직업을 갖고 있네요. 한 달에 한 번 열리는 여행사도 운영하고 있어요.

직업이 세 가지인 만큼 바쁜 일상을 보낼 것 같아요. 일과는 어떻게 흘러가나요?

보통 새벽 4시쯤 일어나 한 시간 정도 차를 타고 게스트하우스에 가서 손님들과 아침 산책을 다녀와요. 그럼 8시쯤 되는데, 한 시간 거리에 있는 귤밭으로 출근해서 오후 늦게까지 일해요. 퇴근하고 저녁에 유튜브에 올릴 영상을 편집하면 자정쯤 되고요.

상진 씨 말대로라면 꽤 이른 시간에 아침 산책하러 가겠네요?

네. 희망자만 5시 반에 금오름에서 일출을 보는 거라 난도가 있어요. 가면 제가 해설사처럼 오름 설명도 해드리고, 예전에 사진 일을 한 경험을 살려서 손님들도 찍어드려요. 관광객들은 더 자고 싶은데 사장 놈이 억지로 깨워서 크고 이상한 밴에 태우니까 되게 힘들어하세요(웃음). 그런데 찍어드린 사진을 보시면 대체로 만족하고 또 오고 싶다고 하시죠.

색다른 경험이겠어요. 게스트하우스를 운영하고 싶어 하던 이유도 궁금해요.

저는 누군가에게 영향을 주는 걸 아주 좋아해요. 사람들이 저를 한번 만나보면 좋겠다는 생각을 항상 하거든요(웃음). 제가 가진 에너지가 꽤 크다고 생각하는데, 그걸 영상으로 전달하는 것도 좋지만 직접 사람들을 만나서 전하고 싶은 욕구가 있었어요. 그렇게 만난 분들이 저를 통해서 회복했다는 말을 해줬는데 여운이 남더라고요. 그 상황을 재현하고 싶은 욕심이 있었나 봐요. 어느새 제주도에 와서 이렇게 게스트하우스를 하게 됐어요.

적당한 게스트하우스에서는 손님들이 참석하는 독특한 파티도 열린다고요.

음식을 나눠 먹는 포틀럭 파티인데, 손님들끼리 한정된 시간 동안 금방 가까워지도록 반말을 쓰게 해요. 저처럼 처음 만나는 사람들과 말도 잘 못하고 소심한 분들이 많은데, 말을 놓으면 서로 친근감을 느끼더라고요. 그리고 고민 파티도 열려요. 저는 게스트하우스가 새로운 사람을 만나고 서로 이야기를 들어주면서 휴식하는 공간이라고

생각해요. 그런 프로그램을 만들어서라도 마음에 있는
짐을 내려놓으라고 말하고 싶어요.

투숙객들은 주로 어떤 고민을 나눠요?
직장인이나 대학생이 많이 오는데 고민의 결은 다들
비슷하더라고요. "직장 생활 힘들다.", "학과가 나랑 안
맞는 것 같다." 이런 가벼운 고민부터 시작해서 가정사
이야기를 하는 분들도 있어요. 가까운 친구보다 처음 보는
사람한테 그런 이야기를 하는 게 오히려 더 쉽거든요.

**그럴 수 있겠어요. 누군가에게 공간을 내어주는 일은
오래전부터 시작했죠?**
맞아요. 어릴 때부터 반항아였어요. 학교도 잘 안
나가고 성적도 애매한 학생이었는데, 추진력이 좋았고
전국으로 여행 다니는 걸 좋아했어요. 그런데 청소년인
저를 재워줄 곳이 없는 거예요. 20대가 되었다고 해도
숙소 가격은 부담스러웠고요. 그래서 청소년들도 올 수
있고, 원하는 만큼만 돈을 낼 수 있는 도네이션 하우스
'상진여행집'을 열었어요. 그때 저랑 집 꾸밀 사람을
구한다고 인스타그램에 공지를 올렸고, 면접을 보고 뽑힌
다섯 명이랑 일주일간 살면서 숙소를 꾸렸어요.

낯선 이들과 사는 경험은 어땠어요?
건달들이 "우리 식구잖아!"라고 말하기도 하잖아요(웃음)?
그때 친구들이 가족처럼 느껴졌어요. 삼시 세끼 밥도
같이 만들어 먹고, 농사하면서 땀도 흘리고…. 그러면서
많이 가까워졌거든요. '친구' 그 이상의 가까움을 표현할
단어는 '가족'이라고 생각해요. 제가 또 그 말을 엄청나게
좋아하고요.

**피를 나눈 가족이 아닌 사람들과 함께 지낸 건 그때가
처음이었나요?**
저는 아홉 살 때부터 열일곱 살까지 기독교 공동체 안에서
자라서 공동생활은 익숙했어요. 저희는 기독교적인 주제로
공연예술을 선보이는 문화 사역 공동체였기 때문에 항상
다른 교회를 방문했어요. 유랑 서커스단처럼 어른들과
작은 밴을 타고 전국 팔도를 누비던 기억이 나요. 저는
그 안에서 사물놀이도 하고 뮤지컬도 하는 역할을 했죠.

**그래서 타인과 함께하는 일에 좀더 쉽게 접근할 수
있었던 거군요. 상진 씨는 여행사 '제작소'에서 처음
만나는 사람들과 무전여행을 떠나기도 하죠.**
무전여행 프로그램은 한 달에 한 번, 3박 4일 동안 열려요.
열 명 정도 모아서 가고, 제주도 서쪽에서 남쪽으로
90킬로미터 정도를 무작정 걸어요. 무전여행은 어떻게

보면 무모하고 요즘 시대에 아무도 하지 않으려는 힘든 일이잖아요. 다들 혼자 도전하는 걸 어려워한다고 생각했고, 제가 느낀 무전여행의 감정을 그대로 전하고 싶어서 시작했어요.

쉽지 않은 여정이겠는데요(웃음)? 3박 4일 동안 같이 고생하면 서로 꽤 친밀해지겠어요.

저는 친구들과 "그래, 우리 다음에 또 보자." 정도로는 만족을 못 하는 사람이더라고요. 같이 고생하고, 같이 밥 먹고, 같이 깊은 이야기를 해야만 진짜 친구라고 생각하는 사람이 있잖아요. 여기에 동의하는 분들이 많이 오다 보니 여행이 끝나면 '절친'이 되죠.

여행기를 담은 유튜브 영상 제목에 "나는 한 달에 한 번 가족이 생긴다."라고도 썼어요. 짧은 만남이지만 참여자들을 가족이라고 표현하는 이유가 있나요?

단순한 친구로 끝내고 싶지 않아서 아쉬운 마음에 가족이라는 포지션을 주는 것 같아요. "너 이제부터 내 가족이야." 하고요. 처음 본 사람들과 힘든 시간을 함께 보내고, 내 민낯도 보여주고, 가까운 식구들한테 하지 못했던 이야기도 하니까 정말 친해지거든요.

상진 씨가 말하는 가족은 전형적인 가족의 의미와는 조금 다른 것 같아요.

만난 지 하루도 안 돼서 사랑할 수 있는 관계면 가족이라고 생각해요. 그런 경험을 거의 매일 하면서 살고 있고요. 저는 그런 관계가 한 500명 있었으면 좋겠어요(웃음). 친구 이상으로 생각할 수 있는 사람들이 그 정도 많기를 바라요.

상진 씨에게 새로운 가족이 생기는 건 어떤 의미예요?

응원할 수 있는 사람이 많아지는 거예요. 저는 열여덟 어린 나이부터 유튜브를 하면서 운 좋게도 많은 관심을 얻게 됐고, 그 과정에서 대가 없는 응원을 가득 받았어요. 그 사랑을 돌려주지 못하면 유튜브도 게스트하우스도 시작한 의미가 없다고 생각했죠. 게스트하우스나 제작소로 제가 받은 격려를 돌려줄 수 있는 자리가 생겼다는 게 가장 유익한 점이에요.

그렇게 만난 이들 중에서 기억에 남는 사람도 있어요?

저 때문에 직업을 바꾼 사람들 생각이 많이 나요. 무언가를 하고 싶지만, 현실에 부딪혀서 내면에만 가두고 있는 분들이 있어요. 그런 분들이 제작소에 오면 "지금 해야 한다. 해가 바뀔수록 네가 꿈꾸는 게 멀어질 거다."라는 말을 항상 해주거든요. 그 이야기를 듣고 일반 직장인이었다가 제주도 사진작가가 된 친구도 있고,

수능을 네 번 봐서 들어간 대학교를 그만두고 제과점을 연 친구도 있어요. 지금 다들 잘되고 있어서 다행이에요.

인연이 계속 이어지는 경우도 있겠지만, 워낙 많은 이들을 짧은 기간 동안 만나다 보니 생기는 어려움도 있을 것 같아요.

처음엔 그런 강박이 있었어요. 영상으로 나를 보고 왔는데 이 사람들을 어떻게든 만족시켜야겠다는 생각이요. 그래서 항상 긴장한 상태로 사람을 만나고 부담스럽게 굴면서 오히려 인연을 놓친 적이 많았어요. 지금은 나를 보고 왔다고 해도 대화가 잘 통하지 않으면 좋은 추억 정도로 남길 수 있는 방법도 아는 것 같고, 인간관계를 유하게 하는 방법을 조금씩 알아가고 있어서 관계를 맺는 일이 그렇게 힘들지는 않아요.

사람을 대하는 방법 중에서 무얼 터득한 건가요?

처음 누군가를 만날 때 우린 서로 동등하다고 생각하는 걸 배웠어요. 제게 가장 문제가 됐던 건 만나는 손님을 나보다 우월하다고 항상 생각했던 점이에요. 그 생각 때문에 늘 긴장이 됐는데 어디서 일하든, 무슨 직업을 갖든, 나이가 어떻든 그냥 다 같은 사람이더라고요. 다양한 직업과 환경에 있는 분들을 만난 게 큰 도움이 됐어요.

마지막으로 물을게요. 훗날 상진 씨가 그리는 가족은 어떤 모습이에요?

지금은 친구들과 떨어져 있잖아요. 나중엔 제 마을을 만드는 게 최종 목표예요. 약간 사이비 같은 이야기지만 가족이라 칭하는 친구들을 입주시켜 놓고 사람들이 체험할 수 있는 자그마한 관광 단지를 만들고 싶어요. 그게 항상 꿈이었어요. 그래서 지금 가족들을 한 명씩 만들고 있는 거고요(웃음).

094/095   Interview Collections

어떤 가족을 만났다. 눈, 코, 입 하나 닮은 점 없지만 서로 어깨를 내어주는 가족. 이 별나고 끈끈한 가족의 구성원은
작가 김멋지와 위선임이다. 대학 동기로 만나 퇴사 후 함께 718일 동안 세계를 여행한 두 친구는, 한 지붕 아래서
살아가며 책 《우린 잘 살 줄 알았다》를 펴냈다. 동거인이 된 지도 어느덧 7년째. 갈등과 눈물이 난무하는 동거 생활이라도
나를 보듬고 돌보는 서로가 있기에 삶은 좀더 유쾌해진다.

닮은 점 하나 없을지라도

김멋지·위선임—야반도주

에디터 **차의진**
포토그래퍼 **김혜정**

오랜 시간 함께 살아온 두 분이죠. 오늘은 서로가 되어 자기소개를 해볼까요?

멋지 저부터 할까요? 안녕하세요. 글 쓰고 운동하는 위선임입니다. 몸과 마음이 건강한 삶을 살기 위해 부단히 노력하고 있어요. 저는 자기 자신이 불편한 사람이고 그래서 편해질 방법을 찾는데, 그 방법을 사람들과 나누고 싶은 사람이에요. 방금 문장은 제가 생각하는 위선임에 대해 예전에 써놓은 거예요. 선임이가 보더니 자기를 너무 잘 표현했다고 하더라고요. 아픔을 이겨낸 법을 사람들에게 알려서 좋은 영향력을 발휘하고 싶어 하는 것 같아요.

이제 선임 작가님이 멋지 작가님이 되어볼까요?

선임 글 쓰고 그림 그리는 김멋지입니다. 작은 것에도 여전히 감사하고 감동하는 할머니가 꿈이고요. 그런데 이 친구가 위선임에 대해 써놓은 메모장 자체가 김멋지 같다는 생각이 들어요. (메모장을 보여준다.) 보통은 제목 폰트가 크고 본문은 작잖아요. 근데 이렇게 바꿔서 써놓고 오타도 안 고치고….

'사람'도 '삻람'으로 적혀 있어요(웃음).

선임 네. 모든 메모가 다 이런 식이에요. 멋지는 이게 아무렇지도 않거든요. 멋지는 내가 나인 게 너무 편한 사람, 누가 뭐라 하든 괜찮은 사람, '난 내가 좋은데?' 이런 사람이에요. 그래서 부러울 때가 많아요. 저도 저렇게 살고 싶어서요. 근데 태생상 안 되더라고요.

다른 성향 때문에 자신들을 "세모와 네모 바퀴가 달린 자전거"라고 표현하는 것도 재밌었어요. 두 분 성향이 정반대인가 봐요.

선임 저는 생각이 많아서 뭔가를 계속 시도하는 사람이거든요. 아무것도 안 하고 있어도 속에서 항상 뭔가 돌아가요. 제가 '안달복달종'이라면, 멋지는 자기가 자기인 게 편한 '그러려니종'인 거예요. 이 기본 성향이 제일 달라요.

다른 성격을 가진 두 사람이 한 공간에서 살아가다 보면 부딪칠 때도 있겠어요.

멋지 처음엔 둘이 잘 살 줄 알았어요. 오랫동안 친구 사이고 2년 동안 같이 세계여행을 하면서 싸운 적이 없을 정도였으니까요. 여행할 땐 집이 없었다 뿐이지 계속 같이 있었기 때문에 함께 살아도 전혀 문제가 없을 거라고 생각한 거예요. 하지만 집이 있는 건 다르더라고요. 아무리 비슷한 사람이라도 생활 방식에서 틈은 있기 마련이거든요.

두 분의 생활 방식은 무엇이 달랐는데요?

멋지 수건 사용 주기부터 차이가 나는 거예요. 여행 다닐 땐 수건이 스포츠 타월 하나씩밖에 없었으니까 그거 쓰고 빠는 게 끝이었는데, 집에서 살다 보니까 수건 하나를 가지고 몇 번을 사용하느냐가 문제였어요. 샤워하면 끝이냐, 세수하면 끝이냐. 세수만 하면 한 번 더 쓸 수 있다. 이런 것들이 달랐어요. 선임이는 괜찮은데 저는 불편하게 느끼는 문제를 어떻게 좋게 말할지 동거 초창기 때 많이 고민했어요.

청결의 기준부터 차이가 있던 거네요.

멋지 이 친구는 정리가 잘된 상태를, 저는 먼지가 없는 상태를 깨끗하다고 생각해요. 먼지가 없으면 물건이 바닥에 늘어져 있어도 돼요. 선임이는 제가 맨날 책이든 뭐든 널브러뜨려 놓으니까 답답하겠죠.

선임 멋지는 제자리라는 개념이 없어서 종일 물건을 찾아요. 물건의 소용이 다한 순간 어떤 곳에 내려놓으면 그곳이 제자리라는 메커니즘이 멋지한테 있다는 걸 알았어요. 전에는 쓰고 다시 갖다 놓으면 찾을 일이 없는데 왜 매번 헤매는지 답답하고, 물건이 늘어져 있는 상태도 스트레스였죠. '내가 치워야지.'라고 생각하지만, 볼 때마다 불편한 건 어쩔 수 없어요. 그냥 안고 가야죠. 이런 게 싫으면 혼자 사는 게 맞고, 같이 살아서 얻는 것들을 취하고자 한다면 노력하고 감내해야 하는 거예요.

불편함을 감수하면서까지 함께 살며 얻는 좋은 것들은 무얼까요?

멋지 집에 오면 제 생각을 무조건 들어주는 사람이 항상 있다는 것 자체가 든든해요. 밖에서 어떤 상처를 받았는데 굳이 내가 말 안 해도 먼저 알아주는 사람이, 손을 뻗으면 있는 게 저를 안정적으로 만들어 주는 것 같아요.

선임 저도 비슷해요. 저는 외향적이라 인간관계가 넓지만, 제 모습을 날것 그대로 드러내는 사람이 많지 않거든요. 근데 전 세계 인구 중에 제일 편한 사람이 얘예요. 가족보다 더요. 멋지한테는 제가 저일 수 있어요.

생활 습관 차이로 갈등이 생기면 어떻게 소통하세요?

멋지 서로 성향에 맞는 대화법으로 풀어가요. 맞추느라 초반엔 조금 힘들었죠.

선임 화해하는 방식도 다르더라고요. 멋지는 감정을 삭힐 시간이 필요해요. 근데 저는 바로 풀어야 하는 사람이에요. 묵히면 묵힐수록 안 좋아지는 사람. 처음엔 멋지가 표정이 안 좋거나 말을 안 하면 저 때문이라는 생각이 들었죠. 그래서 계속 질문했어요. "왜 그래? 내가 뭘 어떻게 해야 해? 나 때문이야?" 그런데 입을 꾹 닫아버리는 거예요.

처음엔 저를 무시한다고 생각했어요. 내가 이렇게까지
대화를 시도하는데 왜 말을 안 하나 싶어서요. 나중에
들어보니 감정에 휘몰아쳐 있을 때 뱉은 말이 과장된 채로
나가서 저를 상처 줄까 봐 그랬다고 하더라고요.
멋지 제 말이 김칫국물처럼 지워지지 않는 얼룩으로
남을지도 모르잖아요. 일렁이는 마음을 가라앉히고 조리
있게 정리해서 전달해야 한다고 생각해요.
선임 이제 멋지는 입을 닫아버리기 전에 "나는 지금
시간이 필요하다."고 저한테 의사 표현을 해주고,
저는 답답해도 기다려요.

**동거 생활기를 담은 책《우린 잘 살 줄 알았다》에서
멋지 작가님은 선임 작가님을 통해 감정을 표현하는
방법을 알아간다고도 했어요.**
멋지 네. 점점 나아지고 있는 거예요. 저는 기분이 좋지
않으면 원인을 굳이 따지지 않고 그냥 그런 채로 있어요.
그때 이 친구는 왜 그런지 자꾸 질문을 해요. 그럼 제가
부끄러워서 외면하거나 인정하기 싫었던 감정을 알게
되더라고요. 이젠 감정적인 소용돌이를 겪을 때 생각해요.
이 감정이 어디에서 기인했는지, 어떻게 해소해야 하는지.
선임이 덕분에 많이 바뀌었죠. 근데 그 감정의 소용돌이를
만드는 사람이 보통 없어요. (선임을 바라보며) 이 친구밖에!
선임 '결자해지'라고나 할까요(웃음)?

**(웃음) 선임 작가님이 멋지 작가님의 영향을 받아
달라진 점도 있겠죠.**
선임 많아요. 가장 큰 도움을 받은 건 제가 감정에 빠져서
허우적거릴 때 해결책을 찾아주면서 좋지 않은 마음이
계속되는 걸 끊어주는 거예요. 얘는 이렇게 말해요. "너
지금 그런 감정 상태인 거 오늘만이 아니야. 이 이야기
전에도 똑같이 했어. 해결책을 찾고 시도해 보자."라고요.
예전엔 정 없다고 느껴질 때도 있었는데 오히려 큰
위로가 됐어요. 저도 이젠 알겠는 거예요. 나한텐 감정을
다독여주는 건 더 이상 필요하지 않고 그냥 해 나가야
한다, 내가 이런 사람이라는 걸 인정해야 한다는 거요.
멋지 덕분에 이런 성향의 사람들과 대화할 때 서운한
마음이 들지 않아요. '이 사람은 문제 해결이라는 방법으로
지금 내게 최고의 감정을 쏟아주고 있는 거구나.' 하고
패러다임이 바뀌었어요.
멋지 엄청나게 생각해 주는 거라고요(웃음). 우리 같은
사람들은 신경 안 쓰면 그냥 격려 정도만 합니다?

**삶에서 가장 어려웠던 순간에도 두 분은 함께였죠.
선임 작가님이 번아웃과 우울증으로 어려움을 겪을 때
멋지 작가님이 큰 힘이 되었다고요.**

선임 그때 멋지는 늪에 빠진 저를 끄집어내려고 노력하는 사람이자, 긴 터널 끝에 빛이 있을 거라는 믿음과 같은 존재였어요. 당시에는 이런 생각을 못 하고 나는 끝났다고만 여겼죠. 제가 거기서 나올 수 있었던 건 그냥 묵묵히 옆에 있어 준 이 친구 덕분이에요. 제가 어떤 상태든 묻지 않고 같이 밥 먹고 시간을 보내준 게 큰 힘이 되었어요.

이런 존재였다는 이야기를 들으면 멋지 작가님은 어떤가요?

멋지 (눈시울을 붉히며) 이 말을 들을 때마다 울컥해요. 눈에 힘이 하나도 없는 이 친구 모습이 생각나서 마음이 너무 아파요. 얼마나 에너지가 있었던 친구인지 아니까….

선임 사람은 살면서 누구나 한 번쯤 이런 상태에 들어가는 것 같아요. 그럴 때 단 한 사람이라도 나를 놓지 않고 묵묵히 곁에 있어 준다면 언젠가 어려움에서 나올 수 있다고 생각해요. 그래서 저도 누군가한테는 그런 사람이 되고 싶어요.

저도 같이 눈물이 나네요. 두 분은 가족으로 정의하기엔 애매하면서도 그걸 넘어선 관계 같아요. 가족이라는 단어, 어떻게 바라보나요?

선임 가족은 계속 변하는 개념이자 앞으로 더 변해갈 거라고 봐요. 일반적인 가족의 형태는 결혼 제도로 이뤄지잖아요. 그걸 선택하지 않는 사람도 많아졌고, 공동체 생활을 하는 사람도 많아요. 저희도 지금 이렇게 같이 살고 있지만 다른 친구들과 모여서 살 수도 있고, 제가 다시 엄마랑 살 수도 있겠죠. 그 형태가 변할 때 가족이 개인에게 큰 부담이 되는 개념이 아니길 바라요. 계속해서 다르게 구성할 수 있으니까요.

멋지 법적 가족으로 묶이지 않아도 선임이와 저는 가족이에요. 어머니, 아버지, 오빠보다 더 자주 만나고 저도 이 친구 앞에서 가장 저다울 수 있거든요. 변화하는 가족의 형태라고 해서 "우리는 언제든 따로 살 수 있으니까."와 같은 무책임한 느낌은 아니에요. 같이 있는 동안 서로의 구성원이 되기 위해 늘 노력하는 관계죠.

서로에 대한 노력이나 책임을 회피하려고 그런 말을 하는 사람들도 있잖아요.

선임 있긴 있죠. 그런데 제가 이렇게 말한다고 해서 결혼해서 자녀가 있는 가정을 거부하거나 없어져야 한다고 주장하는 건 아니에요. 그런 형태도 가족이니까요.

멋지 서로의 어깨에 기대서 이렇게 가깝게 잘 살고 있으면 가족이 아닐까요?

《우린 잘 살 줄 알았다》에서 나온 '선택한 친척'이라는 단어는 두 분이 이상적으로 그리는 가족의 모습이 아닐까 생각했어요.

선임 '선택한 친척'은 멋지가 떠올린 단어예요. 저희가 친한 지인들과 1년에 한두 번씩 지방에 내려가 놀 때가 있었거든요. 각지에서 모여 함께 시간을 보내는 게 명절 같고 너무 웃긴 거예요. 그러다 이렇게 기존의 친척보다 더 친척 같지만, 피는 나누지 않은 관계를 '선택한 친척'이라고 부르면 좋겠더라고요. 늘 안부가 궁금해서 꾸준히 연락하고, 가끔 모여 맛있는 밥을 먹는 사이요.

멋지 부모님과의 관계에서 맺어진 친척들은 제가 태어나자마자 물려받은 거잖아요. 그런 친척들보다 지금 저희가 만나는 사람들과 정서적으로 더 엉겨 있거든요. 나이가 들어도 계속 교류할 거라는 든든함, 자주 만나지 않더라도 연결돼 있다는 믿음이 있어요.

누군가와 어울려 살아갈 때 중요한 점은 무얼까요?

멋지 인정하고 존중하는 마음이요. 같이 오래 즐겁게 살려면 그 사람을 그대로 인정하는 마음이 필요해요. 함께 사는 건 싸우고 불편해질 수밖에 없는 지점이 많으니까요.

선임 사람은 다 일인칭으로 살아가기에 내가 맞다고 생각하게 돼요. 그래서 '쟤는 쟤로 살아가기에 내가 틀렸다고 생각할 거야. 각자가 다른 거지 맞고 틀린 건 없고, 맞춰가며 살아가는 거지.'라고 생각이 바뀌어야 해요. 이렇게 말하면서도 잘 안 돼요. 제가 항상 맞는 것 같거든요(웃음). 끊임없이 노력해야죠.

하나의 이름을 쓰는 우리

어쩌면 우리 사이는 각자의 이름보다 하나의 의미로 더 자주 불렸을지도 모른다.
서로 다른 존재가 하나의 관계로 명명되는 가족사진. 그 장면 속에 흐르는 마음과 기억을 꺼내둔다.

에디터 **이명주**

1990년 11월 17일, 형숙과 진채

나와 남편 박진채가 부부라는 이름으로 불리게 된
날입니다. 한 살 차이인 우리는 교회에서 처음 만났어요.
새로운 신자로 온 남편이 마음에 들었는지, 우리 언니와
어머니가 자꾸만 나를 불러다가 함께 시간을 보내도록
자리를 만들어 주었습니다. 사실 첫인상은 인상 깊지
않았지만, 가만 보니 영어도 잘하고 성실한 사람 같아
마음이 조금씩 옮겨 갔지요. 전화번호를 주고받고는
영화 〈아가씨와 건달들〉도 보았답니다. 남편이 카투사에
복무하던 시절에는 서로 편지를 쓰며 무려 6년 동안 연애를
했습니다. 연애 기간이 긴 데다가 그때만 해도 결혼은
당연한 거라고 여겨졌으니, 식을 올리던 날에는 특별한
감동보다 정신없이 바빴던 게 생각나네요. 오전에는
동네 사진관 기사님과 경복궁에서 웨딩 촬영을 하고,

오후에는 다 같이 결혼식장으로 달려가 식을 올렸어요. 그
바람에 결혼식의 주인공인 우리 부부가 30분이나 지각해
버렸답니다(웃음). 30년도 훌쩍 넘은 세월을 함께 지내면서
가끔은 다투기도 하지만 서로를 위한 마음은 변함없습니다.
요즘 남편은 포토그래퍼인 딸이 물려준 카메라로 나를
찍어주는 재미에 푹 빠졌어요. 나를 사랑해 주는 사람의
시선으로 기록되는 게 이렇게 기분 좋은 일이었는지, 새삼
느끼는 이맘때입니다.

형숙이 진채에게 전하는 마음

일편단심 민들레의 마음으로 나를 이해해 주고 아껴줘서 고마워요.
덕분에 예쁜 아들과 딸도 얻었네!

1996년부터 1999년 사이, 명주와 경주

엇비슷한 얼굴을 한 두 어린이의 만남은 1996년 5월의 끝자락에 시작됐습니다. 갓 태어나 시원하게 울음을 터뜨리면서 기지개를 켜려던 저는 그 순간, 또 다른 울음소리를 (아마도) 들었습니다. 같은 방을 나눠 쓰던 친구가 뒤이어 세상에 나왔기 때문이죠. 차례를 지켜준 건 고맙지만, 딸 부잣집 막둥이라는 귀한 타이틀을 고작 1분 만에 물려주고 저는 이란성 쌍둥이 중 언니가 되었답니다. 엄마는 세월이 흘러도 사진 속에 남은 쌍둥이 얼굴을 금세 구별해 내곤 합니다. 좀더 넙데데한 얼굴이 언니, 입꼬리가 내려간 얼굴이 동생이라나요. 작고 통통하던 어린 시절을 꺼낼 때마다, 우유병을 쥐여주면 항상 동생 입에 먼저 넣어주고 또 다른 우유병을 물었다는 칭찬도 빼놓지 않고 들려주셨죠. 초등학교 때는 언제나 같은 반이 되었고, 중·고등학교도 같은 곳을 다니며 저와 동생은 보통의 자매보다 더 많은 시간을 함께하는 친구가 되었습니다. 방금 화장실에서 나온 사람을 다른 칸에서 또 마주쳤다는 친구들의 놀라움 담긴 제보를 '킥킥' 웃으며 들었지만,

성격이나 관심사는 꽤 다른 편이에요. 달라서 부딪치기보다 다르기에 서로를 이해하려는 마음으로, 누군가에게 보여주기 어려운 고민도 서로의 앞에는 쉬이 꺼내두며 지내고 있습니다. 한날한시에 태어난 자매이자 단짝 친구 사이, 이제는 서로가 없다면 쉬는 날도 영 재미가 없습니다.

명주가 경주에게 전하는 마음

혼자라면 매일 심심해할까 봐 둘이 함께 세상에 도착한 게 아닐까? 나는 아직도 너랑 노는 시간이 제일 재밌어.

2021년 봄, 새롬과 재용

저와 남편 재용은 공공 자전거 '따릉이 스테이션'에서
자주 마주치다가 사랑에 빠졌어요. 그렇게 시작된 인연을
기념하고자 셀프 사진관에서 사진을 찍었습니다. 저한테
부부는 일종의 생활 동반자로, 함께 아이라는 존재를
키우며 삶을 배워나가는 관계라고 생각했어요. 미래
세대를 떠올리며 부부가 되기로 결심했으니, 결혼식 테마도
'지속가능성'으로 잡고 참석한 모든 이가 즐거워하길
바라며 축제를 기획했죠. 양가 부모님 대신 친구들이 모인
'결혼 위원회'를 혼주로 삼았고, 성혼 선언은 초등학생인
조카에게 맡겼습니다. 예식 전에 플리마켓을 열고
손님들에게 일회용 사진기를 나눠줬어요. 피로연에서는
스탠드업 코미디도 선보였답니다. 어느덧 잘 먹고 잘
자고, 귀여운 게 일상인 이서와 함께 세 식구가 되었죠.
친구이자 동반자가 될 두 사람이 각자의 모습을 잃지
않기로 약속했기에, 가족이란 홀로 있어도 또는 함께

있어도 어색하지 않고 자연스러운 사이라고 믿어요.
혼자가 혼자일 수 있도록 응원하고 격려해 주는 존재가
곁에 있어서 사랑보다 진한 우정, 우정만큼 진한 의리를
느끼곤 합니다. "우연한 만남에서 시작해 내 삶과 하나가
된 존재들"이라는 남편 재용의 말을 빌려, 우리 가족에게
애정을 보냅니다.

새롬이 재용에게 전하는 마음

지금 딱 이만큼만, 더도 덜도 말고!

2022년 7월 14일, 구름과 훈남이

세상에서 산책과 쓰다듬는 손을 가장 좋아하는 열한 살 반려견 훈남이와의 일상을 기록한 날입니다. 저는 대나무로 바구니를 만들고 나무로 공간과 사물을 짓는 일을 해요. 작업실이자 생활 공간인 오두막집에 재료와 도구, 작품들을 꾸려둔 채로 훈남이와 지내고 있었지요. 눈을 뜨면 훈남이와 달리기를 하고 밭일을 조금 하다가 틈틈이 밥을 잘 챙겨 먹어요. 종일 대나무 작업을 하다가도 밤엔 갈무리한 식물로 저장 식품을 만들기도 하고요. 전시를 앞둔 날이면 온종일 빼곡하고 비슷한 하루를 몇 달간 보내게 되는데요. 그 바람에 종종 지쳐버릴 땐 둘이 가만히 누워 서로를 바라보고 있어요. 털도 부드럽게 쓰다듬어 주고요. 서로를 통해 충전하는 기분이 큰 위로가 되어서 함께하는 시간을 사진으로 기록하곤 합니다. 아무도 없는 깊은 숲에서 길을 잃어버려도 무섭지 않아요. 언제나 제 곁에서 걷는 산책 메이트 훈남이가 있기에 어디를 걷든

새로운 재미를 찾아낼 수 있고요. 훈남이는 저에게 헤맬 수 있는 용기와 꾸준히 움직이게 하는 힘을 주는 존재예요. 사랑받고 사랑 주는 것에 용기가 가득한 훈남이, 제가 더 잘 살고 싶은 마음을 먹게 하는 소중한 가족입니다.

구름이 훈남이에게 전하는 마음

오래오래 건강하게 지내자. 너와 함께 더 멀리, 더 자주 함께 걷고 달리고 싶어. 나에게 와줘서 고마워.

2022년 6월, 송민과 지훈 그리고 자유

아들 자유를 임신한 모습을 남편 지훈과 함께 집에서 필름 카메라로 기록해 두었어요. 두 번의 시험관 시술을 거쳐 임신 사실을 알게 되었는데, 마음이 꽉 차도록 행복해서 펑펑 울었습니다. 나와 지훈, 둘이었던 인생이 셋의 삶으로 달려 나가는 것 같아 무척 기뻤어요. 물론 임신 도중에는 원인을 알 수 없는 고열로 병원에서 입원과 퇴원을 반복하기도 했습니다. 집에 돌아와서도 언제 또 아플지 몰라 불안했지만, 배 속 아이가 움직이는 걸 느낄 때마다 용기가 차올랐어요. 가만히 앉아 불안해하는 대신, 곧 아기를 만날 생각에 설레는 지금을 사진으로 남겨두기로 했죠. 이 특별한 시절을 씩씩한 부모의 마음으로 보낼 수 있던 건 고등학교 때부터 알고 지낸 남편 덕분이에요. 지훈과 함께라면 힘든 길도 웃으면서 갈 수 있겠다고 생각했으니까요. 아기를 만나는 과정을 《wee》 매거진에서 에세이로 연재했는데, 그때 쓴 문장을 풀어둡니다.

"이 글을 읽는 누군가, 아직 만나지 못한 아기 때문에 속상한 날을 보내고 있다면 아기도 저쪽에서 열심히 준비하고 있을 거라고 말해주고 싶다. 아기는 발이 작아서 오는 데 시간이 좀 걸린다는, 나에게 큰 힘이 되었던 이야기와 부디 그 만남이 너무 오래 걸리지 않기를 바라는 마음, 그리고 따뜻한 응원을 보내며."

송민이 지훈에게 전하는 마음

남편이자 우리 아들 자유의 아빠, 그리고 나의 가장 친한 친구 지훈. 앞으로도 지금처럼만 지내자.

2021년 3월 28일, 새아와 현민 그리고 하율과 시하

딸 하율이가 여덟 살 때 일회용 카메라로 저와 남편을 찍어준 결혼 사진이에요. 자세히 보면 손가락도 살짝 나와 있죠(웃음)? 제가 남편 현민을 만났을 때 하율이는 다섯 살이었어요. 처음에는 저를 '이모'라고 불렀는데 자연스럽게 '엄마'라고 불러주면서 우리는 한 가족이 되었죠. 일생에서 선택할 수 있는 가족은 배우자가 유일하다고들 하던데, 저는 배우자뿐 아니라 사랑스러운 첫째 딸까지 삶의 한 부분으로 끌어안았답니다. 태어나서 내린 수많은 결정 중 가장 잘한 선택이에요. 물론 저를 엄마로 바라봐 준 하율이에게도 큰 결정이었을 거예요. 가끔 우리가 처음 만났을 때를 떠올리면서 서로를 선택한 '가장 특별한 모녀'라며 웃곤 해요. 참, 결혼사진에는 주인공이 한 명 더 있어요. 배 속에 둘째 딸 시하가 있거든요. 4월의 결혼을 앞두고 임신했다는 걸 알게 돼서, 친구들과 부랴부랴 제주에 가서 결혼사진을 찍었어요.

시하가 돌이 지난 후에 친구한테 사진집을 받으면서 다시금 그때의 추억을 들여다보게 됐는데, 어쩌다 보니 온 가족의 이야기가 한 장면에 오롯이 담겨 있네요. 얼마 전, 우리 부부의 세 번째 결혼기념일이 지났어요. 사랑하는 남편과 초등학교 4학년이 된 하율이, 30개월 시하 사이에서 일상의 행복을 고스란히 느끼고 있습니다.

새아가 하율과 시하에게 전하는 마음

사랑하는 하율과 시하야. 엄마와 아빠는 너희보단 우리의 행복을 위해 살 거야. 너희에게 해줄 수 있는 건 너희다운 선택을 할 수 있는 경험과 그게 행복에 가깝기를 바라는 마음뿐이거든. 하율과 시하답게, 각자의 속도로 걸어 나가길 바랄게. 뒤를 돌아보면 언제나 엄마와 아빠가 있을 거야.

한 사람이 바라본
두 사람

본디 사람은 젊고 힘이 넘칠 땐 자신에게서 비롯된 모든 기억을 짊어지지만,
하루해가 넘어가듯 세월의 흐름이 몸에 쌓이면 그 기억을 하나둘 내려둔다.
일러스트레이터 엄유진의 어머니인 소설가 우애령도 2017년부터 기억의
조각을 조금씩 잊는 중이다. 한때는 온전히 자신의 것이었던 걸 덜어내는
일이 불안하기도 하련만, 우애령과 그의 곁을 지키는 철학자 엄정식의
일상에는 유머가 샘솟는다. 두 사람의 평연한 하루를 지켜보던 딸은 엄마와
아빠를 각각 '순간을 달리는 할머니', '행복한 철학자'라 일컬으며 자신의
만화 속에 옮겨두었다. 일상의 단편에서 한 가족의 애틋함을 엿본다.

글 이명주   그림 엄유진(편자이씨)

가족의 조각을 모아

2018년 여름부터 '펀자이씨툰'을 연재한 작가 엄유진의 어머니인 소설가 우애령은 "좋아하는 책과 냉수 한 잔만 있으면 어디에서든 즐거운 시간을 보낼 수 있다."고 할 정도로 독서를 사랑한다. 그중에서도 특히 추리 소설을 좋아했다고. 그의 남편인 철학자 엄정식은 "아무래도 나는 무소유보다 유소유 정신이 좋아!"라고 농담처럼 말하며 작은 골동품을 수집하는데 푹 빠져 있다. 탁구공을 주고받듯 유연하고 유쾌하게 이어지는 그들의 대화를 듣던 딸은 자신의 만화에 곧잘 두 사람을 초대했다. 어머니가 기억을 잃어 가는 병을 진단받은 것도 그즈음. 한없이 무거운 병이라 생각한 것도 아주 잠시, 생각과 태도가 당당한 어머니는 스스로 '순간을 달리는 할머니'라 칭하며 딸의 만화에 기꺼이 당신의 조각을 꺼내 두었다. 자신이 등장한 에피소드를 감상할 땐 큰 웃음을 터뜨리면서도 "이래서 자나 깨나 딸 조심"해야 한다는 우스갯소리를 덧붙인다고. 덩달아 '행복한 철학자'라 불리게 된 아버지는 어머니의 진단 소식을 처음 들었을 때 이런 말을 했다. "무언가 해줄 수 있다는 게 남은 삶의 이유가 될 거야. 어찌 보면 다행이다." 기억 상실과 끝없는 반복 행동은 여느 영화에서처럼 낭만적으로만 바라볼 수 없다. 무심하게도, 가까운 사람들이 정신적으로 지칠 때가 자주 찾아오기도 한다. 그러나 한결처럼 어머니를 지극정성으로 대하는 아버지를 보며, 딸은 아버지를 넘어 한 사람으로서의 새로운 면모를 발견한다고. 두 사람이 평생 쌓아온 깊은 우정을 딸은 가만히 톺아본다.

순간을 달리는 이와의 데이트

통증이 몸에서
떠날 날이 없어도
엄마는
의사 선생님을
만나면 말한다.

견딜 만 해요.
전보다 좋아졌어요.

언젠가 나는
엄마에게 화를
낸 적이 있다.
아파서 간 건데
안 아프다고 하면
정확한 처방을
받을 수 없다고.

조금 더 나중에 알 수 있었다. 엄마 말대로,
병원에서 할 수 있는 일들이 생각보다 많지 않음을.

걱정하지
마세요.

아...

병이
어머니를

병이 절
좋아하지
않을거요.

좋아하진
않는군요!

엄마가 오랜 나정의 극심했던 통증도,
지금 겪을 수 없다는 사실도 기억하지 못한다는 것을.
그리고 무엇보다도

찌릿
스스

아

왜 그러니,
요즘 잠 못잤니?

피곤한 거
아니니?

병원 가봐야
하는거
아니니?

남들에게 걱정끼치고 싶지 않은 마음이었던
것을. 평생 다른이들을 돌보며 살아왔음에도.

세월이 이렇게
앗아가는 것들만
많은데,
엄만 어쩜
이렇게

뭐냐

담담하고
평화로우실까.

엄만 어떻게 해서
무소유의 정신으로
사시게
된 거야?

그야
가진 게
없어서 그렇지.

어차피 가질 수
있는 게 없다고 치면,

맨날 비관하고
울부짖는게
좋겠니.

무소유 정신을 팔방해면서
잘난 척 하는게 좋겠니?

그럼 꼭
지켜야 할 것이
없다고 생각
되는 요즘엔

어떤 '정신'으로
살아가시는 거야?

나?

정신 나갔는데.

정신
나간 채
산지
오랜데.

흐흐흐

아직 잘 몰랐니?

도리어 자유로운 사람

세월의 무심함에도 담담하게

우애령은 자신의 병을 유난스레 바라보지 않는다. 기억은 붙잡으려고 하면 답답한 것이지만, 그냥 흘려보내는 느낌은 아주 시원하다고. "인간이라는 존재는 애초에 자신이 겪은 일의 백 분의 일도 기억하지 못하는 존재이니, 네가 지금 기억하는 것이 전부인 양 잘난 척하지 마." 가족들 마음에 머무는 걱정이 날카로워 행여 마음의 주인을 찌를까, 유쾌함으로 부드럽게 모서리를 가다듬어 본다. 우애령은 기억을 잃는 것에 대한 불안을 껴안고 싶어 하지 않는다. 바쁘게 굴러가던 아이들 양육이나 직업 전선에서도 물러난 상태이니, 어쩔 수 없는 일이 가져오는 불안에 정성껏 물을 주며 열매를 주렁주렁 키우고 싶지 않은 것이다. 때로는 그런 어머니를 보며 딸의 마음이 무르진 않을까 싶은데, 단단한 심지는 어머니와 딸이 꼭 닮았나 보다. 엄유진은 말한다. "약한 부분이 늘어가는 어머니를 볼 때마다 제 마음은 오히려 강해지고 있어요. 아이를 키우고 가족들 생계를 끌어나가야 하기 때문에 매번 넘어져서 좌절하거나 슬퍼할 시간도 없고요. 탄생과 성장, 노화와 죽음도 모두 삶의 과정 중 일부이지 않을까요?" 마음이 아플 때가 있지만, 아프다고 해서 반드시 약해지는 건 아니라는 걸 서로를 단단히 지탱하는 이 가족을 통해 배운다. "언젠가 가족의 빈자리를 보며 그리움과 슬픔을 떠올릴 텐데, 지금 이 시간은 미래가 저를 가고 싶었던 곳으로 되돌려 보내준 기회는 아닐까 상상해 봐요." 사람 마음대로 할 수 없는 일에 쉬이 무너지기 보다 무엇이든 덤덤하게 받아들이는 한 사람의 모습에서, 용기와 지혜를 물려준 두 사람의 얼굴이 비친다.

둘도 없는 우리들 사이

일과 육아, 간병, 가족과의 시간까지 전부 챙기려다 보면 나의 일상이 휘청일 때도 있다. 한때 건강에 이상 신호가 켜져 며칠 간 꼼짝없이 누워 있던 엄유진은 아무것도 할 수 없다는 생각에 무력함을 느꼈다. 그 무거운 마음을 알아챈 듯 부모님과 형제들, 남편과 아이까지 온 정성을 모아 그를 보살폈다고. 그때 아버지로부터 들었던 "우리보다는 너 자신의 건강을 더 챙겨야 한다."라는 말은 마음속에 깊이 남았다. 나를 위한 시간이 사치스럽게 느껴지곤 했는데 그 생각이 틀렸다는 걸 깨달았기 때문이다. 가족이기에 서로에게 무조건적인 희생과 배려를 바라기 보다, 가족이기에 서로가 스스로를 먼저 챙기는 사람이 되길 바란다. 사랑하는 사람들 사이에서 자신이 중요한 존재임을 깨닫는 시간이 한편으로는 기분 좋았다는 엄유진은 거뜬해진 몸과 마음으로 지난 시간을 떠올린다. 이제는 아버지가 사랑으로 들려주신 말을 똑같이 안겨드리고 싶다는 바람도 함께. 언젠가 딸은 어머니에게 사랑하는 사람과 대화를 할 때 무엇이 가장 중요한지 물은 적 있다. 어머니의 답은 "마주 보는 사람의 마음에 대한 존중". 물꼬를 터 이야기가 오가는 상황에 귀를 잘 기울이면, 그 사람의 마음이 어디로 가고 있는지 보인단다. 존중이라는 바탕 위에 위트 있는 '티키타카'를 더하는 한 가족의 대화에 귀 기울여 보다가, 뭉근한 애정이 서로를 향하는 장면을 목격한다. 아버지가 종종 어머니께 던지는 "당신, 나한테 시집 와서 웃기는 실컷 웃었지?"라는 농담과 부드럽게 퍼지는 웃음도 함께.

H. instagram.com/punj_toon

군고구마와 딸

작가가 되었습니다

누군가의 엄마, 할머니, 남편으로 불려온 이들에게 새로운 삶이 시작됐다.
그간 익숙하던 호칭 대신 '작가'라는 호칭이 붙었다. 머리칼은 하얗게
세고 초점은 조금 흐려졌지만, 이들이 든 붓과 펜은 선명한 꿈을 꾼다.

에디터 이명주, 차의진   자료 제공 김성일, 유춘하, 정맹순, 정연홍

'물 먹으러 온 콩새(콩새)'
2020, 종이에 볼펜과 색연필

작은 날갯짓에 애틋함을 담아

정맹순, 83세

2020년 5월 17일 그림
곤줄박이 새끼에요 어미가 알을 품어 태어나
아직 배내 머리도 덜 벗졌는데 머리는 작아도
발가락이랑 몸짓은 큰애같아보 앞으로 살아가려면
힘들텐데 잘자라기를 바라면서 그렸읍니다

'잘 자라라(곤줄박이 어린새)'
2020, 종이에 볼펜과 색연필

동그랗고 반짝이는 눈, 색색의 깃털과 솜털, 야무진 부리까지. 정맹순 작가의 도화지가 하늘인 것처럼 한 마리 작은 새가 훨훨 누빈다. 올해로 여든세 살을 넘긴 정맹순 작가가 붓을 든 건 일흔여덟 살, 심장 수술을 마친 후부터다. 큰 후유증으로 일 년 동안 걷지 못하며 우울함을 느끼던 엄마에게 '탐조책방'을 운영하는 딸 박임자 씨가 노트 한 권을 선물했다. 아무거나 보이는 대로 그려보라는 말과 함께였단다. 처음에는 숟가락, 먹던 과일, 밭에서 자라나는 작물을 그리던 정맹순 작가는 딸이 좋아하는 새를 종이에 옮겨봤다. 딸의 카메라에 담겨 있는 오목눈이와 곤줄박이, 베란다 먹이대에 찾아온 멧비둘기, 직박구리도 모델로 삼았다.
작가에게 의미 있는 새 중 하나는 바로 콩새다. 겨울에만 볼 수 있는데 베란다에 와서 물만 먹고 가는 모습이 애틋해 그려봤다고. 그림을 본 '그린 디자이너' 윤호섭 교수가 〈녹색여름전〉에 초대하여 화가로서 난생 첫 전시회를 열게 되었다. 덕분에 '맹순씨'라고도 불리게 됐다. 노트를 선물해 준 딸이 좋아하는 모습을 상상하며 그리다 보니 어떤 새든 딸과 손주들의 모습처럼 보인다. 최근에는 딸이 베란다에 달아준 인공 새집에 곤줄박이가 알을 낳아 새끼를 관찰하게 됐다. 어리바리한 모습이 어찌나 귀엽고도 소중한지, 도시에서 잘 살아가길 바라는 마음을 담아 그림을 그리고 있다. 한편에는 '맹순 그림'이라 꼭 적어두며.

꽃밭을 뛰어노는 엉뚱한 친구들에게   <u>김성일, 78세</u>

김성일 작가의 그림에는 언제나 복슬복슬한 털을 둘러맨 채 엉뚱하고도 사랑스러운 몸짓을
보여주는 고양이들이 등장한다. 알록달록한 색채는 수채화 물감을 고루 써서 표현하고,
고양이마다 다른 무늬와 색도 충실히 담아낸다. 작가는 남편을 여의고 헛헛한 마음을 달래고
싶어 그림을 그렸다고 하는데, 벌써 15년이 훌쩍 넘은 이야기란다. 손녀가 두고 간 스케치북에
색연필로 그린 엄마의 그림을 본 딸이자 민화작가 유진희 씨는 수채화 물감과 붓펜을 선물하며
사용법도 꼼꼼히 알려주었다고. 한 폭을 완성하는 용기는 딸의 든든한 칭찬에서 비롯되었음이
틀림없다.

'항아리 뒤 숨바꼭질'
| 2020, 종이에 수채화 물감

'장미꽃이 너무 예뻐'
2021, 종이에 수채화 물감

꽃과 어릴 적 추억을 한데 얽어 그리던 김성일 작가는 딸이 키우는 샴고양이 '향이'를 주인공으로
삼아 여러 작품을 완성했다. 처음에는 무서운 동물로만 생각했던 고양이가 재롱떠는 모습이
사랑스러워 그리지 않을 수가 없었다고. 까만 얼굴과 꼬리, 파란 눈에 귀를 쫑긋 세우는 향이는
낯을 가리는 터라 아직 어색한 사이지만, 언젠가 마음의 문을 열기를 작가는 느긋하게 기다리고
있다. 또한 김성일 작가는 고양이의 발랄하고 엉뚱한 모습을 보면 미소가 흐르기에 향이뿐 아니라
이웃집에 사는 고양이나 동네를 어슬렁거리는 길고양이, 상상 속 고양이들까지 불러내어 한바탕
뛰어놀 자리를 만든다. 앞으로는 사람과 자연의 풍경마저도 자신의 붓을 통해 하나로 풀어내고
싶다는 소망을 꺼내둔다.

딸과 그린 사랑의 기록   <u>유춘하, 95세</u>

현주네 깜보자 나무
15. 7. 14　柳차

'현주네 깜보자 나무'
2015, 종이에 연필

평생 농사를 짓던 유춘하 작가가 처음으로 그림 도구를 손에 든 때는 아흔 무렵. 전북 익산에서
지내다 수도권에 사는 셋째 딸 유현미 씨의 집에 잠시 머물던 시기였다. 그림책 출판을 준비하며
미술 놀이 강사로도 활동하던 딸은 아버지의 심심함을 덜어드리고자 넌지시 여쭈었다. 그림 한번
그려보시지 않겠냐고. "그러던가." 하고 특유의 덤덤함으로 화답한 유춘하 작가에게 크레파스를
내어주니, 그동안 아무도 몰랐던 그림 솜씨가 종이 위로 펼쳐졌다. 아흔에 재능을 찾은 작가는
연필로, 물감으로 자신의 세계를 자유롭게 그려나갔다.

작가가 되었습니다

재미나게 그림 놀이를 한 두 사람은 그간의 그림들을 모아 첫 그림책 《쑥갓 꽃을 그렸어》를
펴냈다. 소중한 책을 세상에 선보인 뒤 점차 노쇠해지는 작가를 보며, 딸은 더 늦기 전에 아버지가
그린 식구들의 모습을 간직하고 싶었다고. "나 이제 눈도 잘 안 보이는데 또 그리라고?" 했지만
아흔셋 유춘하 작가의 손은 어느새 연필을 쥐고 있었다. 그렇게 작가는 사랑하는 얼굴들을 정성껏
그려냈다. 지극히 사사로운 그림들은 또 하나의 그림책 《너희는 꼭 서로 만났으면 좋갔다》로 엮여
세상에 나온다. 그림 그리기는 그가 노년을 매듭짓는 뜻밖의 즐거운 움직임이자 자식들과 사랑의
기억을 쌓는 매개였음이 분명하다.

'둘째'
2017, 종이에 연필과 색연필, 크레파스

Book–《쑥갓 꽃을 그렸어》, 《너희는 꼭 서로 만났으면 좋갔다》 유춘하·유현미 | 낫은산

감사로 써 내린 새로운 인생   <u>정연홍, 73세</u>

평생 가정을 위해 살았던 정연홍 작가가 쉰다섯이 되는 해. 그는 문득 이제 자신의 삶을 살겠다고 결심했다. 그렇게 독립을 선언하고 작은 월세방을 얻어 시작한 새로운 인생. 소박한 살림에 딸 김현아 씨는 걱정이 많았지만, 자기 마음이 편한 곳이 천국이라고 맑은 얼굴로 말하는 그였다. 작가의 직업은 환경미화원이다. 도시를 쓸고 닦은 뒤 그가 집으로 돌아와서 하는 일은 소소한 일상을 기록하는 것. 오가며 만난 이웃과의 인사, 동료와 웃으며 나눈 이야기가 모여 비어 있던 노트를 빈틈없이 채웠다.

5.16

서울에 볼일이 있어서 가기로 했는데 손녀가
같이 가 준다기에 마음을 놓았는데 아침이
되었는데 잠자는 공주가 되어서 잠에서
깨어 나기를 안해 포기 하고 나 홀로 찾아가
기로 마음먹고 따님 한테 적어 달라고 하니
어디서 타고 내려서 얼마쯤 가면 무슨 건물이
있고 건물 안에 가서 찾으면 된다고 자세히
적어 주면서 시간이 남으면 근처 카페에 들어
가서 기다리라고 하는 것이다 잠 잃어 버린 사람
처럼 길에서 시간을 보내지 말라고 몇번 말을 했다
내려서 묻고 또 묻고 해서 장소를 찾아 확인
하고 따님 한테 잘 찾아 왔다고 전화를 하니
"잘찾아 갔네." 한다 물어 물어 찾은 줄은
모르고 말이다
손녀나 딸하고 다닐 때는 신경 안 쓰고
기가 는데로 졸졸 따라 다니기만 하면
되어서 편했는데 홀로 나오니 긴장이
되어서인지 묻고 확인하고 하는 것이다
자리값인지 음료수 값인지는 모르겠지만 앉아 있으니
편하고 시간도 금방 1시간이 지나가서 잘 쉬었다
기다리면서 생각하니 피식 하고 웃음이 나왔다
같이 다닐 때 눈에 라도 잘 담아 둘 것을
예전에 어느 집 귀한 아들이 소풍을 가는데 엄마
가 아들 한테 "선생님 꺼에서 잘 따라 다녀야
한다." 신신 당부를 해서 보냈는데 저녁 때 집에
왔길래 엄마가 "소풍은 재미 있었니 소풍
가서 무얼 보았니" 하고 물으니 아들이
"엄마가 선생님 뒤만 따라 다니라고 해서
아무것도 안보고 선생님 뒷모습 만 보아서
뒷모습 밖에 생각이 안나" 했다는 말과
같이 내가 그 모습이었던 것이다 그냥 아무 생각
없이 따라 다니기만 했으니 막상 혼자
나서니 아무나 붙잡고 물어 보기에 바빴다

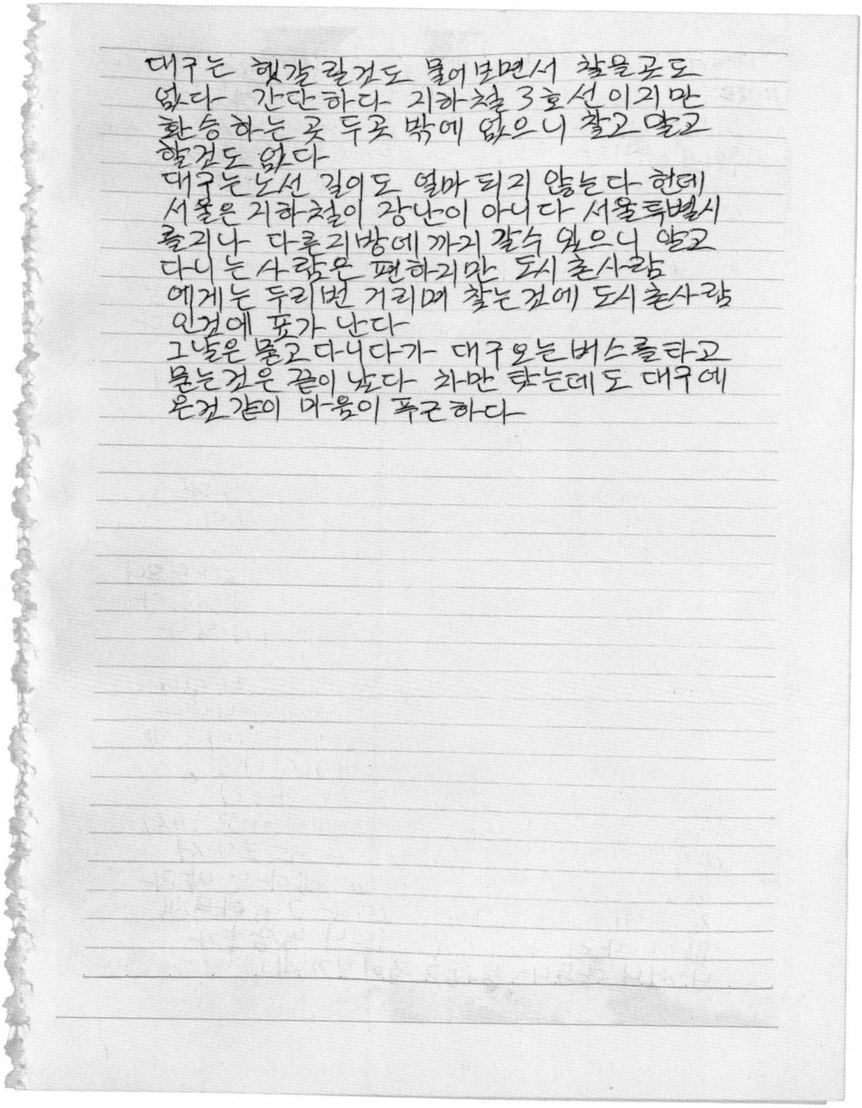

대구는 헷갈릴것도 물어보면서 찾을곳도
없다 간단하다 지하철 3호선 이기만
환승하는 곳 두곳 밖에 없으니 찾고 말고
할것도 없다
대구는 노선 길이도 얼마 되지 않는다 한데
서울은 지하철이 장난이 아니다 서울특별시
줄이나 다른지방에 까지 갈수 있으니 알고
다니는 사람은 편하지만 도시 촌사람
에게는 두리번 거리며 찾는것에 도시 촌사람
인것에 표가 난다
그날은 묻고 다니다가 대구오는 버스를타고
묻는것은 끝이 났다 좌만 탔는데도 대구에
온것같이 마음이 푸근하다

매일 쌓아 올린 기록은 책으로 만들기에 충분했다. 그는 글쓰기 강사 백미정 작가를 소개받아, 날마다 쓴 글을 사진으로 찍어 보냈다. 그럼 백미정 작가는 이를 문서로 옮기고 살뜰히 매만졌다. 그렇게 나이 일흔하나에 책《나의 감사는 늙지 않아》가 세상에 고개를 내밀었다. 오롯한 인생을 찾아 내디뎠던 발은 이제 일상 틈틈이 스며든 감사를 걷는다. 정연홍 작가의 펜은 여전히 멈추지 않는다. 빈 노트에 꾹꾹 눌러 담은 일상의 조각에서는 삶을 소중히 여기는 진심과, 기록을 사랑하는 마음이 묻어난다.

제주시 애월읍 하귀리. 육지 사람에게는 그 이름이 영 낯설게 느껴지다가도,
마을 어귀에 다다르면 풍채 좋게 서 있는 나무들 덕분에 마음이 놓인다. 작은
마트 하나 곁에 없는 동네를 거닐다가 낮은 대문 너머로 따뜻한 불을 켜둔
집을 바라본다. 탈로 제주, 머물던 이들을 기억하는 그곳에서 하루를 보낸다.

글 이명주   사진 박자은   자료 제공 탈로 제주

머무른 자리를 기억하는 집

탈로 제주

제주에서 나고 자란 집

제주의 오래된 동네를 거닐 때마다, 괜스레 가슴을 잔뜩 부풀리며 숨을 들이마시고 내쉬어본다. 투박한 현무암으로 쌓은 돌담과 그 너머로 한눈에 들여다보이는 이웃의 마당과 집. 모든 것이 높고 네모난 도시의 것과 달리, 시야가 한껏 내려가 편안하고도 평화로운 풍경을 만끽할 수 있기 때문이다. 섬의 오랜 전통과 이웃 간의 신뢰가 어우러져 만들어진 풍경을 보는 육지 사람의 마음에는, 부러움도 조금 피어난다.

살림집만 모여 있는 조용한 마을 하귀리, 즉 학원동에 자리한 탈로 제주는 그곳에서 나고 자란 집이다. 탈로 제주를 이끄는 고광수 대표의 증조할아버지가 손수 터를 닦아 집을 올렸다고. 1930년대에 지어진 농가 주택은 한 가족이 대를 넘고 넘어오면서 조금씩 옷을 갈아입었다. 새마을 운동의 일환으로 지붕을 초가에서 슬레이트로 바꿔 얹었고, 집 외벽에는 시멘트를 발라 궂은 날씨에도 끄떡없도록 만들었다. 바람이 세게 불어 빗물이 들이치기 쉬운 제주 날씨 때문에, 툇마루는 집 안쪽으로 들이기도 했다.

> "제가 태어나 처음 호적을 올린 집이에요. 증조부모와 조부모, 아버지와 저의 어린 날이 기록된 곳이기도 합니다. 푸르고 고운 잔디를 가득히 가꾸시던 큰할머니, 그 너머에서 아버지와 축구를 하던 추억이 떠올라요. 마을이 샛길 따라 제법 안쪽에 자리하기 때문에 오늘날에도 퍽 옛 모습을 지키고 있습니다."

시간과 등을 마주 대며

한때는 마당에 심어둔 과일나무에서 열매가 통통하게 차오르면,
증조할아버지가 한 아름 따다가 손주들에게 쥐여주기도 했다. 그러나
세상에서 가장 무거운 것은 시간이라 했던가. 가족들이 각자의 자리에서
바삐 일상을 보내는 동안 집은 시간의 흐름을 따라가지 못하고 여기저기
앓기 시작한다. 잠시 세를 내고 살던 사람들이 험하게 쓴 탓도 있었다.
고광수 대표는 가족의 손길이 닿은 집을 지키기 위해 동업자 지치구
대표와 함께 팔을 걷어붙였다.
1년여 간 새로 단장한 집에는 제주 토박이 문화와 북유럽의 지혜가
스며들었다. 두 대표의 관심사를 한데 풀어놓은 결과다. 섬이 마련한
자리에 보기 좋게 놓인 북유럽 가구들은 아늑한 쓰임까지 제공한다.
디자이너 '알바 알토Alvar Alto'와 '브루노 마트손Bruno Mathsson'의
정교하고도 편안한 가구들, 오래전 핀란드에서 만든 손잡이와 체코에서
온 스위치까지 허투루 달린 것 하나 없이 아름다움이 머문다.
농가 주택이 탈로 제주라는 새로운 이름을 얻고 난 후에도 시간의
흔적은 여전히 집에 기록되어 있다. 집을 처음 지을 때 쌓아 올렸을
현무암 바깥벽, 억새 짚과 흙을 섞어 처마 아래 틈을 채운 곳곳, 모래
섞인 시멘트를 바르거나 슬레이트 지붕을 얹으며 처마 끝을 목재로
덧댄 흔적까지. 두터운 지층을 들여다보는 것처럼, 겹겹이 쌓인 시간의
흐름을 관찰하게 된다.

"개인적인 이야기가 담긴 토박이 물건들도 더러 두었습니다.
마당에 둔 옹기는 큰할머니가 직접 쓰시던 것들이고, 제주의
전통 바구니인 '구덕'도 집 안 곳곳에 자리를 만들어 두었어요.
툇마루 옆에 자리한 옹기 술병은 외할아버지께서,
침실의 화문 석함은 외할머니가 쓰시던 거예요."

시간의 무게를 지탱하기 위해, 거스르기보다 등을 맞대기로 택한
집은 새로운 옷을 입은 채 다시금 자연스러운 표정을 띤다. 침실에서
내다보이는 45년 된 귤나무뿐 아니라 뒷마당 주변에는 하귤나무,
댕유지나무, 무화과나무가 여럿 심어져 때마다 그 결실을 감상할 수
있다. 손주들에게 달큰한 열매를 안겨주던 증조할아버지처럼, 탈로
제주로 걸음 하는 손님들을 챙기는 마음이다.

고요히 보듬어주는 휴식

탈로 제주의 식탁 한편에는 언제나 섞음차를 올려둔다. 레몬밤과 루이보스 등이 섞여 향긋하고도 달큰한 맛이 맴도는 차로, 한 잔의 여유에 몰입하기에 알맞다. 곳곳에 놓인 책들을 넘겨보는 것도 빼놓지 말아야 할 재미다. 제주를 상징하는 변시지 화가의 그림 도록, 1980년대 제주의 모습을 담은 이갑철 작가의 사진집뿐 아니라 오래된 것의 가치를 풀어둔 에밀리 스피백의 《낡은 것들의 힘》 등 제주와 북유럽, 빈티지라는 주제 아래 문장들을 모아두었다.

집에 담긴 이야기를 한바탕 풀어두었지만 정작 그곳에서 보내는 시간이 충만하지 않다면 모두 그른 것 아닐까. 탈로 제주에서의 휴식이란 나를 고요히 보듬어주는 것과 같은 말이다. 안채와 바깥채를 잇는 통로에는 큰 창이 있는데, 그 너머로 우거진 나무와 한라산, 하늘이 그림을 만든다. 머무는 이가 한 폭의 그림을 놓치지 않도록 블라인드도 달지 않았다고. 조용한 동네와 푸른 풍경은 작은 무언가에 연신 집중을 뺏기던 일상의 번잡함을 지운다.

"사람은 한눈에 너른 풍경을 내다볼 수 있는 공간에 있을 때 특히
편안함을 느낀다고 생각합니다. 하늘을 보기 위해 부러 고개를 들지
않아도 눈앞에 하늘과 산, 땅이 함께 보이는 장면은 마음에 고요를
선물할 거예요."

나고 자란 터전을 끊임없이 보듬는 이의 걸음을 따라간다. 그들의
애틋함을 알아채고 또 한 번 기나긴 시간을 지탱해 낼 집의 모습도
헤아려본다. 머문 자리를 기억하는 탈로 제주에서의 휴식, 마음에 오래
머무는 장면을 챙겨 매듭지은 채 오래된 동네로 다시 나선다.

A. 제주 제주시 애월읍 학원동길 34
H. talohome.kr

사람은 옷깃만 스쳐도 인연이라더니, 여행을 싫어하던 하정은 덴마크
코펜하겐에서 독일 베를린으로 향하는 장거리 버스 안에서 한 사람을 만난다.
코펜하겐에서 나고 자란 그의 이름은 줄리. 단 여덟 시간의 대화 동안 둘은 서로의
주파수가 비슷함을 알아챈다. 하정의 영어 이름 '썸머'를 다정하게 부르던 줄리는
머나먼 타국에서 온 낯선 여행자를 자신의 집으로 초대한다. 웃음기를 머금은
눈빛에 홀린 듯, 다시금 길을 돌아간 하정. 줄리와 그녀의 부모인 아네뜨와 옌스,
할아버지 어위의 이야기까지 한데 품은 이국의 친구 집을 노크해 본다.

나의 친구에게, 사랑을 담아

《장래희망은, 귀여운 할머니》

글 이명주
자료 제공 하정

같은 향이 나는 사이

며칠 전까지만 해도 존재조차 모르던 이의 집에 하정은 들어섰다. 낯선 나라 덴마크에서 유일하게
마음을 내려둘 곳이 된 쥴리의 집. 나무로 된 마룻바닥은 걸음을 옮길 때마다 소리를 내고,
거대하고 두꺼운 책장은 한쪽 벽을 차지하고 있다. 호기심 많은 아이처럼 쥴리의 집에 놓인
물건들의 출처를 물으면 그 이야기는 혼자에서 그치지 않았다. 돌아가신 할아버지나 친척의
가구를 얻어 오거나, 부모님이 플리마켓에서 산 물건을 졸라서 가져오기도 했다고. 무엇 하나
쉬이 지나치기 어려울 정도로 저마다 장면이 깃들어 있다.
내가 머무는 공간을 내어준다는 건 나의 일상을 나누겠다는 의미와도 같다. 하정은 쥴리가 쓰던
숟가락과 접시, 치약과 샴푸를 얻어 쓰고, 그가 밑줄 그은 책을 이어 읽기도 했다. 쥴리라는
사람의 한 조각을 이루었을 이들이 궁금해지는 찰나, 쥴리가 말했다. "썸머, 네가 우리 엄마를
만나보면 정말 좋아할 거야." 당시 귀국을 앞두고 있던 하정은 질문이 끝나기도 전에 고개를
끄덕였고, 같은 향이 폴폴 나는 두 사람은 헬싱괴르Helsingør라는 소도시에 자리한 부모님 댁으로
향한다. 동네에서 가장 높고 울창한 참나무가 있는 집. 나무로 만들어진 현관문을 밀자마자
누군가가 보인다. 반짝이는 은발에 빨간 안경테 너머로 파란 눈동자가 보이는 그 사람은 아네뜨,
쥴리의 엄마였다. 걸을 때마다 움직임에 맞춰 부드럽게 흔들리는 단발의 아네뜨는 사근사근
대화를 나누면서도 손에서 뜨개감을 놓지 않았다. 두어 시간의 티타임 동안 하정은 다짐한다.
친구와 친구의 가족을 기록하기 위해 코펜하겐으로의 두 번째 여행을 떠나기로.

여행길에서 만난 하정을 자신의 집으로 초대한 쥴리.

쥴리의 친할머니가 쓰던 침대. 평상시엔 소파로 쓰다가
손님이 오면 침대로 내어준다.

지나간 시간의 새 자리

"하이, 썸머?" 첫 만남을 가진 지 일 년쯤 지난 후의 여름, 다시 만난 아네뜨는 여전히 조곤조곤한 말투로 인사를 건넸다. 아네뜨의 남편 옌스는 혼자만의 시간이 필요할 쥴리의 친구를 위해, 거품 목욕을 마친 캠핑카를 내어줬다. 부엌이며 화장실, 작은 책상이 있는 데다가 무려 70년대 빈티지 모델이라니! 오래된 것과 그 안에 잠든 이야기를 좋아하는 하정은 아늑한 캠핑카와 단번에 사랑에 빠진다. 시간을 품은 것을 사랑하는 건 쥴리네 가족도 마찬가지. "여긴 그동안 변한 건 없단다. 아, 이것만 달라졌을 거야." 처음으로 이 집에 왔을 때 티타임을 나누던 소파가 새 것으로 바뀌었다. 그렇다고 헌 소파가 완전히 사라진 건 아니다. 아네뜨는 집에 새것이 들어온다는 이유만으로 괜히 헌것을 쫓아내지 않으니까. 버려지는 것은 최소한으로 두고, 뜨개와 바느질을 통해 자투리 물건의 새로운 쓰임을 발견한다. 그렇게 헌 소파의 줄무늬 패브릭도 정원 의자의 커버로 썼다가, 다시 떼어내 캔버스 가방이 되며 변신을 거듭하고 있다.

다시 찾은 손님에 반가운 기색을 내보이던 아네뜨는 곧이어 복슬복슬한 무언가가 가득 담긴 커다란 수납함을 가져왔다. 안에 있는 건 직접 만든 양모 가방인데, 넉넉하게 둥근 모양이 사랑스럽게 느껴진다. 하정의 눈에는 곰돌이 푸가 좋아하던 꿀단지와 비슷해 보여 '허니쟈Honey Jar'라 부르곤 했다고. 만드는 과정이 꽤 지난한 탓에, 아네뜨는 여든 번째 허니쟈를 마지막으로 더 이상은 만들지 않을 거라 선언했고 하정과 다른 가족들은 그 마지막 매듭을 축하했다.

이후로도 지하와 거실을 넘나들며 커트러리와 골동품, 가구와 책을 둘러보던 하정에게 쥴리가 수납함에서 간직하던 천 하나를 건넸다. 1981년부터 2014년까지, 아네뜨가 무려 33년간 수를 놓았다는 천에는 쥴리와 동생 니나의 이름과 생일, 과일과 동물, 학교 그림 등이 새겨져 있다. 덴마크의 엄마들은 태어날 아기를 기다리며, 혹은 자라날 아이의 행복과 건강을 기원하며 탄생 자수를 놓는다고. 자수에 넣을 모티브를 연습용 천에 여러 번 수놓았다는 아네뜨에게서 여태 바래지 않은 따뜻한 애정을 마주한다.

탄생 자수의 모티브를 미리 수놓아본 연습용 천.

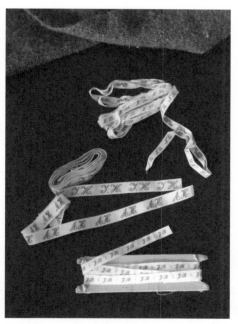

가족들의 이니셜이 새겨진 얇은 리본.
아네뜨는 모든 리본을 조금씩 잘라 하정에게 건넸다.

어위는 박물관이나 갤러리에 들린 후에 아네뜨에게
기념 엽서를 꼭 보냈다고 한다. 아네뜨가 결혼한 후에도 줄곧.

쥴리가 하정에게 선물한
어위의 유품이자 생일 선물.

아네뜨가 다섯 살 때 그린 그림을 디자인으로 활용한 어위.

가장 좋은 걸 너에게 줄게

옛 물건이라고 해서 먼지가 풀썩이고 빛을 잃은 골동품만 떠올린다면 아쉽다. 물건들은 저마다
현재를 사는 이의 취향이 더해져 새로운 색을 띠고 있으니까. 할머니가 쓰던 커프스 단추는
목걸이용 펜던트가 되어 쥴리의 출근용 정장에 매치되고, 할아버지가 쓰던 쟁반은 쥴리가
해변에서 주운 조약돌을 끌어안고 창가에 놓여 있다. 이 집은 쥴리를 이루는 한 조각인 아네뜨
그리고 아네뜨를 이루는 한 조각인 어위를 담고 있는데, 아네뜨의 아버지인 어위는 유려한 디자인
제품을 만든 산업 디자이너였다. 물병과 커트러리, 패턴과 벽지 디자인 등 다양한 영역에서의
작품뿐 아니라 만드는 과정에 남긴 기초 스케치나 아이디어 메모도 여전히 집에 남아있다. 모녀는
하정이 가족의 흔적을 마음껏 둘러보도록 허락했고, 하정은 예술가의 흔적을 탐구하는 태도로
어위의 물건에 좀더 많은 시간과 마음을 들였다.

체류 도중 생일을 맞은 하정에게 쥴리는 불쑥 선물을 건넸다. 덴마크 여왕을 주인공으로
만들어진 종이 인형 놀이, 시간이 부족해 한 짝밖에 만들지 못한 파란 양말 그리고 어위의 유품인
연필 상자였다. 새것처럼 완벽한 상태의 종이 상자 안에는 노란 연필 열 자루가 들어 있었다.
1930년대의 근사한 디자인과 어위가 작업하던 나날이 하정의 손에 놓인 것이다. 이어진 쥴리의
말과 함께. "아, 세 자루는 쓴 흔적이 있더라. 할아버지가 쓰시고 넣어 두셨을 거야." 행여 귀한
연필이 제대로 대우받지 못하고 평범한 이방인에게 와 버리는 건 아닐까, 한 가족의 의미 있는
유산을 연거푸 사양하는 하정에게 쥴리는 덧붙였다. "할아버지도 네가 갖기를 원하실 거야."

우리가 남기고 싶은 이야기

썸머이자 하정, 쥴리와 그의 가족들이 수놓은 그해 여름은 해사한 웃음을 닮았다. 마음에 티끌 하나 걸리지 않는 미소 같은 그들의 이야기는 다음에 이어질 문장을 기대하게 만든다. 긴 여행을 마치고 보통의 일상으로 돌아간 하정과 쥴리는 여름의 기록을 《장래희망은, 귀여운 할머니》로 엮었다. 표지가 마음에 들지 않아 몇 번이나 바꿔보고 텍스트 검수도 거듭하며 출간했는데, 막상 완성된 책을 열어 보니 아뿔싸, 한 단어가 빠져 있었다. 하정은 틀린 부분을 메모지에 일일이 적어 책에 붙인 후 세상에 내보냈다. 다행히 하정과 쥴리의 가족 이야기에 흠뻑 빠져든 독자들은 작은 실수를 오히려 재밌어했다고. 추후 하정은 그들을 보며 "마치 코가 빠진 뜨개 스웨터도 어여삐 여기며 잘 입어주는" 귀여운 사람들이라 칭했다. 마지막 책장을 넘기는 게 아쉬운 무수한 독자의 바람대로, 하정과 쥴리의 인연은 책을 만든 후에도 이어졌다. 하정과 독자들이 만든 자리에 아네뜨와 어위의 물건이 전시되거나, 양말 뜨개 클래스를 열어 쥴리가 직접 시연하고 책에 담기지 않은 소품들도 보여주었다. 올해 초에는 《장래희망은, 귀여운 할머니》가 출간 5주년을 맞아 화사한 빨간색 옷을 입고 확장판으로 세상에 나오기도 했다.

어제까지만 해도 몰랐던 사람과 사람이 만나 적당한 거리를 둔 채로 튼튼하게 연결되는 만남, 그 앞에서 하정은 생각한다. "덴마크 가족과 만난 후 저는 가진 것을 돌아봅니다. 공간을 채우고 있는 물건들로부터 저와 핏줄로, 땅으로, 취향으로, 관심으로, 보살핌으로, 끌림으로 연결된 관계들을 들여다봅니다. 양과 질을 떠나 '자, 그래서, 어떻게 남길 거야?'를 생각할 시기에 들어온 것인가 싶습니다." 우리 사이에서 비롯된 유산은 또 다른 이에게 닿아 크고 작은 파도를 만든다. 서로가 어떤 관계인가에서 벗어나 어떻게든 관계 맺었음에 감사하며 앞으로 세상에 남기고 싶은 이야기를 고민해 본다. 하정과 쥴리의 만남이 한 통의 편지라면 말미에 이런 추신을 덧붙이고 싶다. '나의 절친한 친구와 그의 가족에게, 사랑을 담아.'

수많은 사진 중 책의 표지로 결정된 컷.

한 가족의 취향과 시간을 머금은 물건들.

사랑이라는 관계

어려울 때 곁을 내어주고 대가 없는 도움을 나누며, 같은 꿈을 꾸는 사이.
가족이나 친구라고 이름 붙이긴 아쉬워 입술이 달싹인다.
달리 표현할 말이 없어 그냥 사랑이라 불러보기로 한다.

글 차의진　일러스트 세아추

이중섭과 구상

인생을 헤매고 있을 때 곁에 서 있어 줄 이가 있다면 누구든 쉽게 스러지지 않을 테다. 중섭에게 상은 그런 존재였다. 작품 '황소'를 대표작으로 둔 근대 화가 이중섭은 세상을 떠나기 2년 전, 인생에서 가장 어려운 시기를 겪고 있었다. 일본 유학 중 아내 마사코를 만나 사랑스러운 아들 태성과 태현을 낳았지만, 전쟁은 가족을 가난으로 몰아넣었다. 생계가 몹시 어려워지자, 중섭은 아내와 아들 둘을 잠시 일본으로 보내야만 했다. 홀로 한국에서 씩씩하게 살아보려 했으나 풍파는 가장을 삼키고 삼켰다. 그림을 사 간 사람에게 값을 받지 못하거나, 작품을 빼돌림 당하는 일이 수차례였다.

무너지는 삶을 붙잡고 그가 향한 곳은 시인 구상의 집. 상은 '초토의 시'로 알려진 중섭의 절친한 벗이다. 본래 가난과 외로움은 누구에게도 들키고 싶지 않다 했던가. 그럼에도 중섭이 상의 집 문을 두드릴 수 있었던 건 그가 곁을 내어줄 준비가 되어 있는 친구였기 때문이었을 테다. 중섭은 한 해 반 동안 상의 아내, 그의 두 아들과 한솥밥을 먹으며 함께 살았다. 벗의 아이를 바라볼 때 중섭의 눈에는 태성과 태현이 비쳤을지 모른다. 그 눈빛에 어린 마음을 상이 알아채지 못했을 리 없다. 중섭이 그들과 함께한 세월은 그림 '시인 구상의 가족'에 담겼다. 상이 아이들에게 자전거를 사주던 날을 그린 작품이다. 일본으로 부친 편지엔 누차 자전거를 사주겠노라 적어놓았건만, 도통 가까워지지 않는 자식들을 생각하며 중섭은 아릿한 미소를 삼켰을 것이다.

상 또한 그가 가장 힘들 때 친구를 찾았다. 폐결핵으로 폐를 잘라낸 시인은 병상에서 중섭이 올 날만 기다렸다. 그러나 중섭이 도통 병문안을 오지 않자 사랑하는 만큼 야속함도 커졌다. 끝내 얼굴을 비친 벗에 화와 서운함이 뒤섞인 감정을 내비치자, 중섭은 그림 한 장을 내밀었다. 먹으면 무병장수한다는 천도복숭아 그림이었다. 병문안으로 과일이라도 사 오려 했으나 그럴 형편이 못 되어 선물을 대신 그려 오느라 늦었다는 말을 덧붙이며. 상이 죽는 날까지 작품은 액자에 담겨 서재 벽에 걸렸다.

데이비드 호크니와 스탠리, 부지

미술계의 거장 데이비드 호크니David Hockney는 반려견이 주는 무한한 환영과 사랑을 누구보다
잘 안다. 갈색 소시지를 닮은, 천방지축 닥스훈트 두 마리가 그 기쁨을 알려준 작은 천사들이다.
호크니의 50번째 생일부로 그의 집에 들어선 스탠리Stanley와 부지Boodge는 늘 거장의 곁에
있었다. 두 마리 개는 언제나 주인과 함께 밖을 나섰고, 함께 잠들었다. 그들의 모습이 담긴
사진에선 감출 수 없는 호크니의 애정이 엿보인다. 등을 따뜻하게 쓰다듬는 손, 눈높이를
맞추려고 굽힌 무릎에서는 틀림없이 사랑이 흐른다.

평소 호크니의 곁에는 영감을 교류하는 예술가 친구들이 많았다. 하지만 1990년대 에이즈로 친구
넷이 세상을 떠나자, 그는 이전에 경험하지 못한 큰 상실감에 빠졌다. 결정적으로 절친한 친구인
큐레이터 헨리 겔트잘러까지 그의 곁을 떠나니, 호크니는 슬픔을 견딜 수 없었다. 그가 회복을
위해 선택한 방법은 사랑하는 존재를 그리는 것이었다. 가장 가까이에서 그와 교감하는 스탠리와
부지가 작품의 주인공이 됐다. 그는 이전에도 두 친구를 종종 그려왔지만, 그들을 본격적으로
담게 된 것은 가까운 이들의 죽음이 계기였다. 비록 벗들은 별이 됐지만, 가족 그 이상의 관계가
된 귀여운 말썽꾸러기들은 그림에 영원히 붙잡아두고 싶었을지도 모른다.

호크니는 애정 어린 시선이 담긴 작업물을 전시로 공개했고, 훗날 그림책《Dog Days》를
출간하기에 이른다. 포근한 방석 위 잠을 자거나 그리는 이를 응시하는 닥스훈트의 모습이 책을
가득 채웠다. 작품을 완성하기 위해 호크니는 집 이곳저곳에 붓과 물감을 두고, 스탠리와 부지가
움직이지 않을 때 관찰해 빠르게 작업을 마쳐야 했다. 새근새근 잠든 스탠리의 호흡과 부지의
윤나는 검정 코를 살피며 호크니는 사랑을 읽었을 것만 같다. 그는 그림의 주제는 개가 아니라
작은 존재들을 사랑하는 마음이었다고 회고한다.

장한나와 미샤 마이스키

흐르는 선율에 뜨거운 애정과 존경을 담은 이들이 있다. 한국에서 첼로 신동으로 이름을 알리던 한나의 연주가 거장 미샤 마이스키Mischa Maisky에게 가닿은 건 한나가 겨우 아홉 살 무렵일 때. 작은 소녀가 표현하는 음악에 마이스키는 강하게 이끌렸고, 그를 자신의 마스터 클래스에 초대한다. 천재적인 재능을 갖고 앞에 선 작은 아이에게 마이스키는 모든 걸 알려주고 싶었다. 야망이나 질투 섞인 마음으로는 불가능했을 일이며, 예술을 사랑하는 마음만이 스승과 제자를 단단히 묶었다. 마이스키는 움튼 싹을 살피고 다루듯 어린 한나를 가르쳤다.

거장은 첼로 다루는 법을 넘어 음악을 대하는 태도를 알려줬다. 그는 음표 하나하나에 담긴 작곡가의 혼을 헤아리고 해석하는 마음으로 악보를 마주해야 한다고 말했다. 스승을 닮아 고집스럽게 악보의 의도를 파고든 한나의 연주는 세계 곳곳에서 울렸다. 마이스키는 명망 높은 첼로 연주자로 자신의 자리를 지켰고, 각자가 있는 곳에서 음악을 사랑했다.

20대가 된 한나는 연주자가 아닌, 지휘자가 되기로 결심한다. 실력이 출중한 첼리스트였기에 마이스키는 제자의 전향이 못내 아쉬웠지만, 늘 그래 왔듯 든든한 지지자가 되어주었다. 지휘를 시작한 지 몇 해 지나지 않아 두 사람은 협연자로 무대에 올랐다. 과거 스승의 말에 귀 기울였을 한나는 연주자 마이스키가 흘려보내는 선율을 듣고 지휘했다. 어린 한나의 선율을 살폈을 스승은 젊은 지휘자의 손끝에 시선을 두며, 한나가 이끄는 흐름대로 무대를 가득 채웠다. 그들이 마주 보며 나눴을 교감, 연주가 끝나고 마주 잡은 손과 같은 뜨거운 것들을 헤아려 본다. 같은 마음으로 같은 곳을 바라보고, 멀리 떨어져 있어도 나를 언제나 지지해 주는 관계. 이 애틋한 인연은 가족이라는 말보다 좀더 특별하다. 나에게도 그와 같은 존재가 없나 샘이 날 때쯤 다양한 모양의 관계를 맺은 여러 얼굴이 떠오른다. 그들을 부를 말을 곰곰이 생각해 본다. 역시나 사랑인 것 같다.

사소한 것들부터

글 배순탁—음악평론가·〈배철수의 음악캠프〉 작가

01. 'Symphony No. 3 In F Major Op. 90: Poco Allegretto'
— Herbert von Karajan, Wiener Philharmoniker

02. 'Hero'
— Family Of The Year

03. 'Dance with My Father'
— Richard Marx

가족에 대해 생각하면 따뜻해지는 동시에 좀 슬퍼진다.
이유는 여러분이 예상할 수 있는 그대로다. 생전 해드리지 못한 일들 때문이다.
마음 한구석에 고인 후회의 찌꺼기가 좀체 지워지질 않기 때문이다.

어린 시절 꽤 잘살았다. 집에는 레고와 게임이 넘쳐났다. 1980년대 중반이었다.
레고와 패미컴으로 대표되는 가정용 게임기는 곧 권력이었다. 또래 친구들의
인기를 얻을 수 있는 가장 강력한 유혹의 기술이었다. 아이들은 우리 집으로
시도 때도 없이 찾아왔다. 내가 좋아서는 물론 아니었다. 게임 한 판 하고 싶은
욕망 때문이었다. 그런 우리 집이 몰락한 시기는 정확히 IMF와 맞물린다.
집안 경제가 무너지고, 부모님의 결별이 이어졌다.

20대 중반부터 7-8년간 아빠랑 지하 단칸방에서 쭉 살았다. '가족' 하면 이제는
세상을 떠난 내 아빠를 떠올릴 수밖에 없는 이유다. 아들이라서 하는 얘기가
아니다. 내 아빠는 정말이지 "사람이 이렇게 좋아도 될까?" 싶을 정도로
선한 사람이었다. 장담하건대 47년 평생 아빠보다 착한 사람을 본 적이 없다.
사업이 번창할 때 그가 행한 나눔을 잊지 못한다. 그랬던 그가, 경제력을
상실하게 되면서 점차 '식물'처럼 변하기 시작했다. 결국 치매가 왔고, 뭐 하나
제대로 누려보지도 못한 채 눈을 감았다. 내가 그나마 먹고살 만해진 건 아빠의
죽음 뒤부터였다. 그가 나를 위해 남긴 마지막 축복이라 여기고 있다.

작은 에피소드가 하나 떠오른다. 어느 날 아빠가 아들이 신는 구두를 열심히
닦아놓으셨는데 문제가 있었다. 그 구두가 선명한 노란 줄로 유명한
그 브랜드였다는 거다. 구두약을 하도 꼼꼼히 바르신 덕에 노란 줄이 다 꺼멓게
되어버렸다. 되돌릴 수 없었다. 그걸 목격한 순간 아빠에게 짜증과 화를
엄청나게 냈던 게 기억난다. 이래선 안 된다는 걸 알고 있으면서도 그랬다.

그가 세상을 떠난 지 어느덧 8년이라는 시간이 흘렀다. 지금까지도 나를 후회에
빠트리는 기억은 뭐 거창한 게 아니다. 이런 자잘한 것들이 끝내 잊히지 않는다.
마치 발작처럼 찾아와서 사람 울컥하게 만든다. 지금 이 글을 쓰는 순간에도
나 자신을 한 대 때리고 싶은 충동이 든다. 한심하다. 참으로 한심하고, 멍청하다.
나도 알고 있다. 저 유명한 소설《안나 카레니나》의 첫 문장, "모든 행복한 가정은
비슷하지만 행복하지 못한 가정은 서로 다른 이유가 있다."라는 진실을 모르지
않는다. 요컨대 만약 당신의 가족이 어느 정도는 행복한 상태라면 부디 나처럼
후회하지 말고 있을 때 잘하라고 당부하고 싶다. 인간이란 참 교활하다.
정작 잘해줘야 할 대상에게는 '편하다'는 이유로 함부로 대하던 경험, 나뿐만은
아닐 것이다. 따라서 '강자에게는 약하고 약자에게는 강하다'고 누군가를 비난할
자격 따위 없다. 너나없이 우리는 모두 선택적 분노의 노예다.
진심으로 부탁하고 싶다. 살다 보면 후회의 구렁텅이에 빠지지 않을 도리는 없다.
다만 그 깊이를 조금 낮출 수는 있을 것이다. 그러려면 일단 사소한 것들부터
지켜야 한다. 과연, 우리를 구원하는 건 대단한 뭔가가 아니다. 사소함이다.
가족과 관련해서라도 이것은 보편타당한 진리일 것이다.

'Symphony No. 3 In F Major Op. 90: Poco Allegretto'

Herbert von Karajan, Wiener Philharmoniker

내가 클래식을 그나마 조금 알고 있는 건 모두 아빠 덕이다.
어린 시절부터 늘 가곡이나 클래식을 틀어놓으셨다.
그중에서도 이 곡을 처음 들었을 때를 잊지 못한다.
"세상에는 이렇게 아름다운 음악이 있구나." 싶었다.
혹시 클래식을 잘 모르더라도 걱정할 필요는 없다.
곡이 시작하자마자 "이 곡은 나도 알지." 싶을 정도로
친숙한 선율이 흐를 테니까.

'Hero'

Family Of The Year

영화 〈보이후드〉(2014)의 마지막 장면에 흐르는 노래다.
대강의 스토리는 이렇다. 한 가족이 있다. 부모님은 이혼한
상태고 아들과 딸은 엄마와 살고 있다. 가끔 아빠가
찾아와서 같이 논다. 그런 아들과 딸이 어느덧 성장하고,
아들은 집을 떠나 대학에 갈 준비를 한다. 이게 전부다.
영화의 탁월한 점은 아들이 시간이 흐른 뒤 특별한 사람이
전혀 되어 있지 않다는 거다. 엄마는 혼자 자식 둘을 키운
고된 세월을 돌아보면서 아무렇지도 않게 집을 떠나려는
아들을 향해 이렇게 내뱉는다. "I just thought there
would be more(난 (내 인생에) 뭔가 더 있을 줄 알았어.)"
그런데 인생이 다 이런 거 아니겠나. 이 작품의 끝에
이 곡이 흐르는 이유다. 가사는 다음과 같다. "나를 그냥
보내줘요 / 당신의 영웅이 되고 싶진 않아요 / 중요한
사람이 되길 원한 것도 아니고요"

'Dance with My Father'

Richard Marx

루더 밴드로스Luther Vandross의 버전으로 유명한 노래다.
아마 이 곡을 모르는 사람은 많지 않을 것이다. 한데 곡을
창작한 사람은 루더 밴드로스 혼자가 아니다. 바로 리처드
막스Richard Marx와 공동으로 만들었다. 난 이 곡을 자주
찾아 듣지는 않는다. 내 눈물 버튼이 바로 눌릴 게 뻔하기
때문이다. 후회의 찌꺼기가 다시 불타오르면 아무래도 좀
힘들다. 어쨌든 이 곡, 루더 밴드로스를 주고도 좀 미련이
남았나 보다. 본인이 직접 부른 버전이 있다. 이 버전도
들어보기를 권한다.

[Karajan: The Legendary Decca Recordings](2008)

[Loma Vista](2012)

[Dance With My Father](2018)

남매는 누가 더 바보처럼 구는지 경쟁하며 논다

뉴진스 멤버 중에 하니를 좋아하지만 더 정이 가는 건 김민지다. 내 동생과 이름이 같기 때문이다.
뉴진스 메들리(?)를 듣다가 문득 민지 파트가 나오면 동생 민지가 떠오른다. 그러다가 둘은 전혀
다른 존재라는 걸 깨닫곤 생각을 멈춘다. 영 민지와 올드 민지는 띠동갑 이상 차이가 난다.

글·사진 김건태

올드 민지와 나는 여섯 살 차이다. 그렇게 말하면 사람들은 "어머,
동생하고 사이좋겠네? 나이 차이가 많이 나면 오빠가 예뻐하잖아." 하고
반응한다. 하지만 모든 오빠가 동생을 예뻐하는 건 아니다. 어른들 말에
따르면 동생이 갓 태어났을 때 나는 병원 유리 너머의 신생아를 보며
울음을 터뜨렸다고 한다. 얼굴이 너무 못생겼으니 옆자리 아기로 바꿔
달라고. 끝내 동생은 바뀌지 않았고, 시위의 의미로 나는 한동안 당근을
먹지 않았다.
어릴 때 우리는 꽤 재밌게 놀았다. 멍청한 짓을 서슴없이 했다. 둘 중
하나가 우유를 먹고 있으면 달려가 간지럼을 태웠다. 그러다 코로 우유가
나오면 엉덩이춤을 추며 환호했다. 엄니는 장을 볼 때마다 흰 우유를
고르는 성장기 자식들을 대견하게 여겼다. 단지 '코로 우유 뿜기 놀이'를
하고 싶었을 뿐이었는데 말이다. 하지만 모든 일에는 저마다 유통기한이
있는 법. 어느 날 우유를 먹는 동생의 뒤로 살금살금 다가가 옆구리를
간질이려는 찰나, 고개를 돌린 그가 차가운 목소리로 말했다. "뭐 해?
재밌어?" 나는 어정쩡하게 손가락을 구부린 자세로 자리에 굳었고,
우리의 유치한 놀이도 영영 끝이 났음을 직감했다. 동생에게 사춘기가 온
거였다.
사춘기 중학생의 히스테리는 강력했다. 나는 늘 화가 나 있는 동생의 눈에
띄지 않게 자는 척했다. 동생이 질풍노도의 화신으로 흑화 할 무렵 다행히

나는 군대에 가게 됐다. 몸이 멀어지면 마음도 멀어진다던데 어쩐 일인지 우리는 서로를 그리워하기 시작했다. 신기했다. 동생은 위문편지 말미에 "오빠 보고 싶어."라고 적었고(얘가 미쳤나?), 나는 부대 화장실에서 눈물을 훔치며 생각했다. '민지가 글씨는 못 쓰지만 참 괜찮은 아이였지.' 인간의 기억은 이렇게 허술하다. 100일 휴가 첫날, 동생의 학교에 찾아가 하굣길을 함께 걸었다. 당시 이등병 월급이 3만 3,300원에 불과했지만, 오빠답게 떡볶이를 샀다. 못 본 사이에 동생은 어묵을 두 개씩 집어먹는 버릇이 생겼다. "어, 흠…." 동생의 젓가락을 막으며 내가 말했다. "네가 남자친구가 생긴 걸 알고 있어. 싸이월드에 사진 엄청 올렸더라. 아빠한테는 비밀로 할게. 오빠가 해줄 수 있는 건 이것뿐이야." 그러면서 편의점에서 산 콘돔을 건넸다. "피임은 꼭 해야 한다." 동생은 질색하며 소리쳤다. "아, 뭐래! 중학생한테 할 소리냐?" 미국에선 댄스파티에 가는 딸에게 부모가 직접 콘돔을 챙겨준다던데, 아뿔싸 여긴 한국이었지.

한집에 살며 우리는 서로를 귀찮게 하는 방식으로 교류했다. 이런 식이었다. 나는 먼저 침대에 누워 이불을 덮은 다음 다급한 목소리로 소리쳤다. "민지야! 민지야!! 민지야아!!!" 헐레벌떡 동생이 달려왔다. "불 좀 꺼줘." 그러면 동생은 거의 발작 상태로 분노하다가 불을 끄고 나갔다. 또 다른 날에는 동생이 자기 방에서 소리쳤다. "오빠 이거 뭐야? 이게 뭐지? 오빠 이것 좀 봐줘!" 나는 찜찜하지만 궁금한 마음으로 동생 방으로 갔다. "오빠, 물 한 잔만 갖다줘. 보리차 플리쥬?" 그의 말을 무시하고 발길을 돌리자 등 뒤에서 동생이 외쳤다. "10, 9, 8…." 임무 완수의 강박이 있는 나는 어쩔 수 없이 카운트다운이 끝나기 전에 물을 떠서 동생에게 건네고 마는 것이다.
또 어느 주말엔 클럽에 다녀와 늦잠을 자는 동생의 방문을 빼꼼 연다. 방(이었던 그 공간)은 질서를 찾을 수 없는 혼돈의 카오스 그 자체였다. 문득 동생을 확실히 괴롭힐 방법이 떠올랐다. 나는 세상모르게 자는 동생의 눈을 벌리며 외쳤다. "민지야, 일어나! 눈 화장 지우고 자야지. 안 지우면 트러블 나.", "지웠어, 지웠다고! 아이라인 반영구라고!", "어, 미안." 거기서 그치지 않고 방 한가운데 아무렇게나 벗어놓은 동생의 옷을 하나하나 개어서 옷장에 넣어주었다. "그냥 두라고. 일부러 거기 둔 거라고. 또 입을 거라고!", "아니야, 이렇게 놔두면 옷 다 상해.", "아, 쫌 나가!" 참다못한 동생이 일어나 내 팔뚝을 물고 난 뒤에야 소동은 멈췄다. 동생이 나를 괴롭히는 방식은 조금 더 진화했다. 그는 내가 어떤 상황에 스트레스를 받는지 잘 알았다. 어느 날 대학 과제로 시를 쓰고 있는 나의 방에 들어와 앉았다. "오빠, 오빠는 정확히 무슨 공부를 하는 거야?", "너가 말하면 알아? 시 모르잖아.", "나도 시 알아!" 그러면서 동생은 우쭐한 표정으로 말했다. "진달래꽃!" 나는 입을 다물었다. 진달래꽃을 이야기한다는 건, 가요를 안다면서 '오빠는 풍각쟁이야'를 말하는 것과 같았다. "진달래꽃 작가는 알아?", "마야!" 동생은 마야의 '진달래꽃'을 흥얼거리기 시작했다. 그런 동생을 보고 있자니 손이 떨리기 시작했다. 나는 멍청한 사람을 보면 스트레스를 받는다. 그날 이후로 나의 이상형은 '생각보다 똑똑한 사람'이 됐다.

시간은 흘러 우리는 각자 셋방을 얻어 독립했다. 한 시간도 더 걸리는
거리에 살기에 1년에 한두 번, 서로의 생일에 만나서 술을 마셨다.
같은 환경에서 자랐기 때문에 입맛도 비슷하고 주량도 비슷했다. 다만
동생은 여전히 단순하고 긍정적이었다. 잘 자고, 잘 웃고, 야망도 없는,
'복세편살'('복잡한 세상 편하게 살자'의 준말)'의 대명사였다. 심이 뭉툭한
2H 연필 같았다.

그런 동생의 생일에 참치집에서 실장님 코스를 먹었다. 동생은 대뱃살
두 점을 한꺼번에 집으며 말했다. "오빠, 나 고민 있어." "고민의 뜻은
알아?" 동생은 참치에 고추냉이를 듬뿍 올리며 말했다. "결혼이 정말
하기 싫어." 의외였다. '결혼은 이혼의 한 과정'이라고 주장하는 나와
달리, 동생은 늘 안정적인 가정을 꾸리고 싶어 했다. 그런 동생이 먼저
말을 꺼낸 것이다. 아버지라면 쓸데없는 소리 하지 말라며 잔소리를
했겠지만, 나는 오빠니까 잠자코 동생의 말을 기다렸다. "경력 단절이
되는 게 무서워." 헤어디자이너로 이제 막 자기 궤도에 오른 동생의
고민은 결혼과 임신을 하면 손이 굳고 고객도 떨어져 나갈 거라는 거였다.
"엄마 아빠가 이혼했잖아. 그래서 나도 행복한 가정을 꾸릴 자신이
없어." 이렇게 진지한 동생은 난생처음이었다. 너한테도 나와 같은
고민이 있었구나. 그런 생각을 하며 동생의 코에서 우유가 나오는 장면을
상상했다. 하지만 웃음이 나오질 않았다. 마냥 어린애 같던 동생이 갑자기
자라버린 것 같았다. 그가 어른(시련)의 세계에 발을 들인 것 같아서 조금
쓸쓸해졌다.

우리는 말없이 술을 들이켰다. 아무렴 생일인데, 생일에는 이렇게
궁상맞게 구는 거 아닌데, 하면서도 동생을 위로해 줄 말이 내 안에는
없었다. 궁리 끝에 나는 금지된 필살기를 쓰기로 했다. 오물오물 앞니에
김을 붙이고 영구 흉내를 내는 거였다. 허를 찔린 동생이 코로 청하를
뿜었다. "코에 와사비 들어갔어!" 컥컥대며 우는 동생의 모습에 나는
자리에서 일어나 개다리춤을 췄다. 가게 안 사람들의 시선이 느껴졌지만,
동생을 위한 바보 춤을 멈출 수가 없었다. 그냥 그런 게 바보 남매 1호가
할 수 있는 최선의 위로였기 때문이다.

참치를 다 먹고 동생을 집에 데려다주며 미리 준비한 봉투를 건넸다. 동생
나이만큼의 현금이었다. "매년 생일에 서로 나이만큼 용돈을 주는 게
어때?" 술에 취한 동생이 박수를 치며 기뻐했다. 내 나이가 더 많으므로
나로서는 이득인 장사였다. 우리는 지장을 찍고 손바닥 복사도 했다.

가끔 나는 부모가 영영 사라진 세계를 상상한다. 같이 살지도 않고
자주 연락하지도 않지만, 그들이 살아 있는 것과 아예 없는 것은
마음가짐부터가 다르다. 그럴 때마다 동생이 있어서 다행이라고
생각한다. 아무래도 나보다 오래 살 테니까, 나한테는 죽을 때까지 가족이
있는 셈이다. 가끔 혼술을 하며 동생에게 전화를 건다. 부디 나보다 오래
살아 달라고 애원한다. 그러면 동생이 말한다. "오빠 뼛가루는 내가
수습할게.", "아니야, 화장하지 말고 들판에 던져서 독수리 밥으로 줘."
그러면 동생은 수화기 너머로 깔깔대고 웃는다. 오늘도 동생을 웃겼군,
뿌듯한 마음으로 전화를 끊는다. 둘이 합쳐 70이 넘는 나이, 우리는
여전히 세상 둘도 없는 바보처럼 논다.

바르셀로나에서 다시 만나자

아는 개와 함께 바르셀로나를 걷는 일에 대하여.

글·사진 정다운

봄이와 고딕 지구

오늘 아침에도 봄이랑 고딕 지구를 걸었다. 봄이는 친구와
함께 사는 개. 바르셀로나에 온 뒤로 아침마다 친구,
친구 아이, 봄이 그리고 나까지 넷이 나란히 걸어서 10분
거리 유치원에 간다. 봄이는 우리보다 몇 걸음 더 앞서
걷다가도 골목이 달라지는 곳에선 어김없이 멈춰서 우리를
기다린다. 봄이가 우리 시야에서 사라지는 일은 없다.
오래된 골목으로 이루어진 이른 아침의 고딕 지구엔 차가
거의 다니지 않지만, 가끔 차가 지나가면 친구는 "봄!
코체Coche(스페인어로 자동차를 뜻함)!"라고 외친다. 봄이는
바로 걸음을 멈추고 사람 옆에 딱 붙어 선다. 한적한 골목에
들어서면 다시 줄을 푼다. 줄을 하지 않아도 멀리 가지
않는 봄이를 보며 우리 사이에 투명 리드줄이 있는 것
같다는 상상을 종종 하게 된다. 꼬불꼬불 미로 같은 골목을
봄이의 안내에 따라 걷다 보면 어느새 유치원에 도착한다.
아이를 유치원에 등원시킨 후 우리는 바다 방향으로 마저
산책을 간다. 해변 근처 잔디밭 근처에 도착하면 친구는
다시 봄이의 줄을 풀어준다. 고딕 지구 골목에서는 줄이
없어도 아이의 느린 걸음에 맞춰 살랑살랑 천천히 걷던
봄이는 그곳에선 다른 강아지 친구들을 향해 바람처럼
달려간다. 비슷한 시간에 그곳에 모이는 개들은 대부분
아는 사이, 봄이의 친구들이라고 한다. 친구는 개와 함께 온
사람들과도 가벼운 인사를 나눈다.
벤치에 앉아서 개들이 함께 노는 모습을 보다가 친구가
말했다. "저 할아버지는 여기 늘 강아지랑 왔었어. 그런데
얼마 전에 강아지가 세상을 떠났거든. 그 뒤로도 매일 혼자
여길 오셔." 친구의 시선을 따라가 보니 혼자 오신 몸집이
작은 할아버지가 다른 사람들과 인사를 하고 있다. 그리고
이내 그들 옆에 나란히 앉아서 뛰어노는 개들을 바라본다.
누가 누구의 가족인지 잘 모르겠다. 나와 친구도 봄이가
보이는 방향을 향해 나란히 앉았다. 개를 떠나보낸 후 함께
오던 잔디밭으로 매일 같은 시간 같은 걸음을 하는 마음은
어떤 걸까.
오랜만에 여행 온 나에게 기꺼이 방 하나를 내어준
이 친구는 6년 전 내가 바르셀로나에 살 때 알고 지내던
친구다. 친구는 그때 끼요라는 이름의 개와 살았다. 끼요는
얼마 전 세상을 떠났다. 고딕 지구를 걷다 보면 끼요를
자주 만났다. 멀리서 친구는 못 알아봐도 끼요는 엉덩이만
봐도 바로 알아볼 수 있어서, 친구를 부르기 전에 끼요를
먼저 부르곤 했다. 그런데 내가 먼저 끼요 이야기를 꺼내도
될까? 내 친구는 잔디밭을 매일 찾는 사람일까, 잔디밭을
피해 먼 길을 돌아가는 사람일까.

나는 후자였다. 함께 살던 고양이 모모가 떠난 후 모모
이야기를 어디에도 하기가 어려웠다. 누가 모모에 대해
물어볼까 봐 사람도 잘 만나지 않았다. 입 밖으로 꺼내
말하는 순간 모모가 이 세상에 없다는 사실을 인정하게
되는 것 같았다. 그렇게 우리는 모모에 대해 쉬쉬하는 게
버릇이 되었고, 몇 년이 지난 지금까지도 모모 이야기를
거의 하지 않는다. 그리고 나는 후회했다. 모모가 많이
섭섭했을 것 같다. 모모 이야기를 하고 또 하며 울고
또 웃으면서 우리는 모모와 함께했어야 했다. 얼마 전
처음으로 모모 사진을 냉장고 문에 붙였다. 지금 친구 집
벽엔 끼요 사진이 여러 장 붙어 있다.
친구가 말했다. "끼요도 여기 좋아했는데." 끄덕끄덕
그렇지. 고딕 지구 곳곳에 끼요와의 추억이 없는 골목이
없겠지. 끼요는 예전에 내가 살던 집에도 종종 놀러 왔고,
우리 집 고양이 제제와 눈을 마주치면 슬금슬금 뒷걸음질을
치곤 했다. 그 모습이 얼마나 귀여웠던지! 작은 고양이
제제를 무서워하던 커다란 끼요에 대해 이야기하니 웃음이
난다. 친구는 지금 끼요가 어디에 있는지 궁금하다고 했다.
정말 어디에나 있는 것인지. 아니면 어디에도 없는 것인지.
나는 명랑하게 대답했다. 지금 우리 옆에 있다고. 우리가
기억하는 한, 그 존재는 우리 곁에 있다. 언제부턴가 그렇게
믿게 되었다. 그걸 믿어야 수없는 이별과 함께하며 살아낼
수가 있다. 저 할아버지의 강아지도 지금 저기 잔디밭에서
신나게 뛰어놀고 있을 것이다. 그리고 그걸 할아버지는
알고 있는 것 같다. 모모는 내 옆에 있을까? 나는 너를
잊으려고 했던 것 같은데. 그래서 너는 이미 나를 떠났을까.
그래도 내 옆에 있다면 좋겠다. 미안해.

마르고와 바르셀로네타

봄이와 오전 산책을 다녀오고 나면 잠시 쉬었다가 보른
지구를 가로질러 다른 친구에게로 간다. 걸어서 15분 정도
거리인데, 골목마다 추억이 많아 친구네 집 앞까지
가는데 30분이 넘게 걸린다. "나 좀 늦을 거 같아. 연락하면
내려와." 친구는 그럴 줄 알았다는 듯 대수롭지 않게
그러라고 한다. 그는 강아지 마르고와 살고 있다. 마르고는
6년 만에 만나는 나를 알아볼까? 그럴 리가. 우리가 같이
살았던 것도 아닌데.
저기 마르고가 보인다. "마르고!" 목청 높여 부르자,
마르고는 온 힘을 다해 달려와 내 어깨높이까지 점프를
하며 반겼다. 꼬리를 사정없이 흔든다. 마르고 리드줄을
잡고 있는 친구가 휘청거린다. 마르고야, 너는 나를
기억하는 거야? 정말 그런 거야? 리드줄을 친구에게

건네받았다. 마르고와 함께 바르셀로네타 해변을 걷는다. 여전히 힘세고 씩씩한 마르고는 거침없이 나를 안내한다. 어디까지 가는 거야 마르고. 길을 건너고 계단을 내려가 한참을 걸어 여행객들이 걸음 하지 않는 해변 끝 운동 기구가 모여 있는 곳에 도착해서야 마르고는 비로소 걸음이 느려진다. 아마도 친구가 종종 이곳에 와서 운동을 하나 보다. 기구에서 저마다 운동을 하고 있는 남녀노소 사람들을 바라보고 있자니 좀 웃음이 난다. 이 중에 마르고를 알고 있는 사람도 있겠지. 어쩌면 마르고도 친구를 찾아 여기까지 나를 끌고 직진한 걸지도 모르겠다. 아무튼 마르고 덕분에 바르셀로나에 살 때도 한 번도 안 와본 곳을 와보네. 고마워 마르고. 내일 오후에는 다른 친구의 강아지 쇼코를 만나기로 했다. 같이 차를 타고, 여기서 한 시간 반 거리의 작은 도시에 간다. 6년 만에 만나는 쇼코는 나를 알아볼까? 쇼코와 함께 걷는 길은 나에게 또 어떤 추억을 만들어줄까.

거리에서 만나는 개들

봄이, 마르고와 함께 바르셀로나 거리를 걷는 동안 수많은 개를 만난다. 바르셀로나에 개가 함께 가지 못하는 곳은 거의 없다. 사람들은 슈퍼마켓이나 빨래방에 갈 때도, 친구를 만나러 카페나 식당에 갈 때도 개와 함께 간다. 자녀 등원도 함께 하고, 은행 등 각종 볼일도 함께 보러 간다. 봄이랑은 지하철도 같이 탔다. 지하철 중간에 커다란 봄이가 길을 막고 누워도 아무도 신경 쓰지 않았다. 자연스럽게 개를 피해 발을 딛는다. 개를 왜 지하철에 데리고 탔냐는 부정적 반응도, "개다!" 반색하며 달려오는 과한 긍정 반응도 없었다. 그러니까 개는 어디에나 존재하는 자연스러운 것. 함께 사는 존재. 그건 개도 마찬가지. 아주 의젓하게 에스컬레이터를 타고, 차분하게 지하철을 기다리고, 열차 안에서도 주변을 경계하지 않고 편히 쉰다. 바르셀로나의 개에게 사람과 함께 사는 일은 이런 것이겠지. 함께라는 단어에 대해 다시 곱씹게 된다. 한국의 친구들이나 가족들이 바르셀로나에서 뭐 하고 있는지 안부를 물으면, "이 개 저 개 산책시키고 있다."고 답한다. 바르셀로나에 온 지 일주일이 지났지만 아직 성가족 성당에 가지 않았고, 카사밀라와 카사바트요가 있는 그라시아 거리에도 안 갔다. 오전에는 봄이, 오후에는 마르고와 걷는다. 개와 함께 길을 걷다 보면, 여행자라는 사실을 잊게 된다. 바르셀로나에 살고 있는 사람인 척 하루를 보낼 수 있다. 그게 썩 마음에 든다. 이 감각이 그리웠던 것 같다.

개를 산책시키는 시간 외엔 밀린 글을 쓴다. 지금까지 나는 대부분 고양이와 함께 글을 썼다. 문장 사이사이 고양이의 길고 하얀 털이 들어가 있다. 이 글에는 처음으로 고양이가 없다. 대신 개가 있다. 노랗고 짧은 털이 글자 사이사이에 박혀 있다. 지금도 글을 쓰다가 잠깐 봄이를 끌어안고 누웠다. 방금 외출하고 돌아온 봄이한테서 고소한 냄새가 난다. 그리고 다시 책상 앞에 앉았다. 오늘은 아직 숙소 밖으로 나가지 못했지만, 이것도 썩 마음에 든다.
일주일 후, 한국에 돌아가면 나는 다시 제제 옆에 누워서, 바르셀로나와 내 친구들을 그리워하며 동시에 그들의 가족 봄이와 마르고, 쇼코를 그리워하겠지. 비행기를 타고 열네 시간을 꼬박 날아가면 마치 고향처럼 익숙한 거리가 있다. 그리고 그 거리에 아는 개들이 있다. 아주 특별한 걸 가진 사람이 된 것 같다.
그러니까 나의 개 친구들아, 우리 꼭 다시 함께 바르셀로나 거리를 걷자. 그때까지 건강하게 존재해 줘. 봄아, 마르고야, 쇼코야, 우리 꼭 다시 만나자.

조예은 작가가 〈채널예스〉에 쓴 귀여움에 관한 이야기를 읽다가 허벅지를 '탁!' 때린 적이 있다. "귀여움에도 디테일한 취향이 있다. 인형을 좋아하지만 레이스와 리본은 싫을 수 있다." 그렇다, 너무나 그렇다. 내 책상에 알록달록한 엽서와 피겨가 있고, 자그마한 인형을 여기저기 두고, 온 서랍을 스티커로 채워놓았다고 해서 모든 캐릭터를 좋아하는 것은 아니다. 그러니까 누군가 사은품으로 받은 캐릭터 부채를 무심코 나한테 건넨다고 해서 무조건 "귀여워!" 하는 것은 아니라는 의미. "쟤는 귀여운 거 좋아하니까. 알록달록한 거 좋아하니까."라는 섣부른 일반화로 나한테 온 물건이 엄청나게 많다. 귀엽지 않은 건 아니지만, 내 취향은 아닌 것들.

같은 맥락에서 나는 인형을 좋아하지만 모든 인형을 좋아하는 것은 아니다. 인형은 모두 무해하고 귀엽다. 분명히 그렇다. 그러나 내 취향인 인형은 따로 있다. 매일 데리고 다니는 인형이라는 것에서는 더더욱 그렇다. 백여 개의 인형이 있어도 내 가방에 들어와 나랑 일거수일투족을 함께하는 인형, '반려 인형'은 아무 인형이어서는 안 된다. 반려 인형이라고 하는 것은 24시간 함께 다닌다는 데서 가족이나 친구보다 오래 같이 있는 존재이고, 그 누구보다 내 생활에 가깝다는 의미다. 가방에 달려 있는 인형은 때때로 다른 가방을 선택하면 나오지 못하는 처지가 되지만 반려 인형은 내가 직접 '데리고' 나오기 때문에 선택받지 못할 걱정은 없다. 가방에 매다는 인형은 기분에 따라 바꿔 달 수 있지만 반려 인형은 그럴 수 없다. 가방에 매다는 인형은 언제든 바깥 구경을 하지만, 반려 인형은 대체로 가방 속이나 내 시야에 있다.

인형은 어린아이의 소유물이라는 인식이 있다. 왜? 어른도 인형을 좋아할 수 있다. 최근에야 키링이니 모루인형이니 하면서 뭔가를 대롱대롱 달고 다니는 어른도 많아졌지만, 불과 1-2년 전까지만 해도 인형을 가지고 다니면 '유치하다'는 의견이 많았다. "다 큰 애가…."라는 소리도 적지 않게 들었고, 친구들은 대부분 어떻게

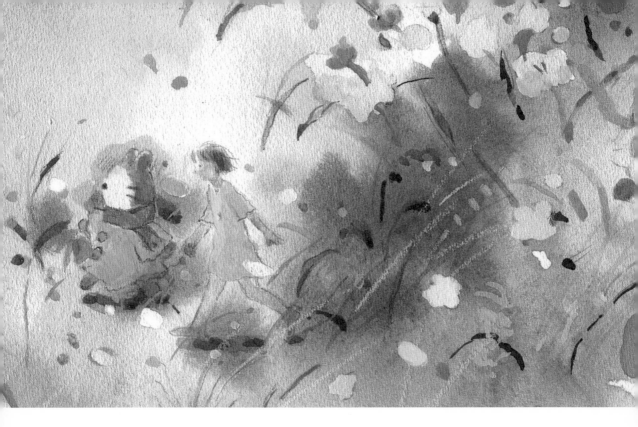

반응해 줘야 할지 모르겠다는 얼굴로 말을 돌리곤 했다. 어린이마저 인형 가지고
다니는 어른을 이상하게 생각했다. 그러다 키덜트라는 말도 생기고, 14세 미만에게
팔지 않는 장난감도 생기면서 반려 인형이 있다는 사실을 조금 떳떳하게 말할 수
있게 됐다.

나에게는 오래전부터 반려 인형이 있었다. 여행은 물론이고 화장실까지 같이 다니는
그런 인형. 네 번쯤 바뀌었는데, 지금 내 반려 인형의 이름은 '노양이'다. 만화가이자
아동 작가인 바바 노보루의 명작 《11마리 고양이》 시리즈에 나오는 고양이
캐릭터로, 키는 21센티미터, 하늘색, 웃는 얼굴의 고양이 인형이다. 바바 '노'보루의
고양이 캐릭터서 '노'양이라 이름 붙였다(고 하지만 사실 이 친구 이름이 노양이인
이유는 따로 있다). 기다란 곡선을 그리며 구부러진 눈, 그보다 더 완곡하게 구부러진
입. 눈도 둥글, 입도 둥글. 노양이는 항상 웃는다. 인형의 좋은 점은 그런 것이다.
내 기분이 기쁨의 회로를 누빌 때는 귀여운 표정으로 함께 웃어주고, 내 생각과
기분이 단조의 음울한 선율이어도 한결같이 웃어준다. 표정도, 색깔도, 크기도,
모양도 변하지 않은 채 그대로. 가끔 절대적으로 변함없는 것에게서 나는 위로
받는다. 인간 세계는 도무지 변하지 않는 게 없는 까닭에.

같은 글에 조예은 작가는 이렇게 썼다. "우리는 모두 귀여운 걸 좋아한다. 많은
이들이 일상을 견디게 하는 건 아주 사소한 즐거움이라고 말한다. (…) 귀여움은
강하다. 뒤늦게 당당해진 내 취향을 좀 더 끈질기게 이야기하고 싶다." 이전에는
반려 인형을 드러내고 이야기하는 게 부끄러웠다. 다 큰 어른이 귀여운 척한다고
오해받는 것도 싫었고, 내가 부끄러워하는 것이 반려 인형에게 실례라고 생각되어
더 싫었다. 그런데 이제 나도 끈질기게 이야기하고 싶다. 반려 인형은 내게 있어
최고의 귀여움이고, 둘도 없는 가족이라고. 요즘은 가까운 이들이 나를 만나면
"노양이는?" 하고 먼저 묻는데, 그게 적잖이 좋다.

모자^{母子} 고양이와 영감 고양이

"동물은 잘 모르지만 동물 좋아하는 친구들 보는 건 좋아." 무지한 이야기를
순수하게 하며 살던 시절이 있었다. 동물을 조금도 이해하지 못한 채, 동물이란
생명체를 제대로 인식하지 못한 채 무구한 표정으로 내뱉던 말들. 이제는
반려동물이 반려 인간보다 가까울 수 있다는 것을, 동물이 인간보다 나은 점이
많다는 것을 제법 알게 되었다. 나에게 그걸 알려준 건 2019년 1월부터 2023년
9월까지, 일터에서 매일같이 보아온 모자母子 고양이와 영감 고양이였다. 모자
고양이는 엄마와 아들답게 생김새가 제법 닮았다. 첫눈엔 그 둘이 몹시 헷갈렸지만
금세 기억하게 됐다. 조금 더 털색이 희끗하고 뽀얀 게 엄마, 털색이 갈색이고 눈이
동그란 쪽이 아들. 생김새보다도 하는 짓을 보면 금세 구분할 수 있었다. 엄마
고양이는 아름다운 만큼 시니컬했고, 아들 고양이는 믿을 수 없을 정도로 애교가
많았다. 모자 고양이와 영감 고양이를 처음 본 날, 어찌할 줄 모르던 나한테 아들
고양이는 쉴 새 없이 말을 걸어왔다. 갈 곳 잃은 내 손 사이로 제 머리를 들이밀며
존재를 알려왔다. 나는 아들 고양이를 만져보기 전까지 동물과 접촉해 본 적이
없었다. 동물 털 알레르기가 있어 쉴 새 없이 기침하고 눈이 빨개지고 온몸이
간지러워지는 게 이유였지만, 어쩌면 인간이 아닌 존재를 어떻게 대해야 할지
몰라 어색했던 이유가 훨씬 컸는지도 모른다. 엄마 고양이는 사람들의 사랑을
받는 게 일상인 아들을 보는 둥 마는 둥 하면서 제 할 일을 했다. 사뿐사뿐 걸어
다닌다거나, 우아하게 잠을 잔다거나… 그저 자신의 삶에 충실했다. 이 모자
고양이 옆에는 항상 영감 고양이가 있었다. 딱 봐도 모자 고양이와 다른 종류로
보이는 영감은 털이 길고 귀가 뾰족했다. 아들 고양이처럼 흘러넘치는 애교가
있는 건 아닌데 사람을 감동하게 하는 성격이었다. 화장실에 가면 화장실 문 앞에

오도카니 서서 볼일 볼 때까지 기다려 주었고, 싱크대 앞에 서 있으면 다리를
긁으며 자기를 봐달라고 은근히 응석을 부렸다. (영감 덕에 스타킹과 바지가 다
뜯겨나갔다.)

모자 고양이와 영감 고양이는 가족처럼 보였다. 서로 대단히 살가운 사이는 아닌데
함께 있는 걸 보면 가족이구나, 싶었다. 매일 살을 부딪고 사는 세 마리 고양이를
보면서 꼭 혈연만이 가족이 아니라는 사실을 알게 된 것 같다. 인간 세계에선
부모보다 먼저 가는 자식은 불효자라 부르는데 동물의 세계에선 어떨까. 난 자리는
몰라도 빈자리는 안다고 들어, 아들 고양이가 먼저 생을 마감했단 소식을 듣고
동료들에게 엄마와 영감 고양이에게 아들 고양이 부재에 관해 잘 말해 달라고
신신당부했었다. 지금 생각해 보면 그럴 필요가 없었을지도 모른다. 아주 일찍부터
서로의 상태와 문제에 관해, 생에 관해 알고 있었을 것 같다는 예감이 든다. 내가
모르는 동물들의 소통법이란 게 분명히 있을 테고, 그 세계에서 나는 무지한
이방인일 따름이니까.

나는 세상에 뿌려진 숱한 사랑을, 그 모습과 종류를 제법 잘 아는 사람이라
생각했는데 어떤 사랑은 분명히 아들 고양이한테서 배웠다. 내 손바닥에 제 머리를
비비며 "이렇게 만져주면 돼." 하고 알려준 작은 고양이. 나에게 처음 사랑을
가르쳐 준 사람이 부모님이라면, 나에게 처음 동물의 사랑법을 가르쳐 준 것은
아들 고양이였다. 나는 아들 고양이가 가르쳐 준 사랑 덕에 조금 더 많은 동물을
세심히 바라보게 됐다. 지나가는 동물에게 인사할 수 있게 된 것도 아들 고양이
덕이다. 아들 고양이 이름은 '아리', 아리와 언제나 함께 지낸 엄마 고양이는 '하이',
영감 고양이는 '빵이'. 가족이라는 글감을 핑계 삼아, 어떤 사랑을 세심하게 알려준
고양이 가족 이름을 불러보고 싶었다.

지지난해 가을, 추석을 맞아 온 가족이 모여 우리 조상이 모두 묻혀 있는 납골묘에
갔다. 몇 해 전 세상을 뜬 할아버지와 그보다 일찍 하늘나라 동태를 살피러 간
작은아빠에게 인사를 올리고 안부를 물었다. 아빠가 쓴 한자를 띄엄띄엄 읽으면서
이런 건 위패에 왜 꽂는지 궁금해했다. 할아버지가 생전 좋아하던 술도 뿌려
드리고, 나보다 먼저 어른이 된 사촌 동생들과 작은아빠에게 조용히 속삭이듯
인사를 했다. "작은아빠, 나 왔는데!" (라고 하면서도 반말을 썼던가, 존댓말을 썼던가
약간 헷갈렸다.) 피크닉에 온 것처럼 잔디밭에 앉아 편한 마음으로 좋은 날씨 양껏
누리며 제사 음식을 먹었다. 마침 근처에서 해바라기 축제가 열린다기에 '연천
호로고루'로 나들이를 갔다. 호로고루, 이름이 외국의 것처럼 낯설었다. 모처럼
할머니랑 하는 외출이었다. 할머니는 아흔 가까운 나이가 되었는데도 여전히
일주일에 한 번씩 프라이드치킨을 양손으로 들고 뜯고, 식사 때마다 맥주도
곧잘 드신다. 청력이 약해져 한 번에 말을 못 알아듣는 일이 많지만, 그 정도야
별거 아니다. 매일 건강하게 웃고, 잘 드시고, 드라이브 좋아하시는 모습을 보면
신경의 노화쯤은 괜찮지 않나 싶어진다. 그렇지만 너른 성곽과 공원을 걷는 데는
체력에 한계가 있었으므로 우리는 휠체어를 빌렸다. 할머니를 앉히고 밀어주다가,
할머니는 스스로 걷기도 했고, 아빠한테 업히기도 했다. 그 시간이 생각보다 무척
밝고 재미있었다. '온 가족'의 시간은 가끔 만들어지기에 이렇게나 단란하다.
그날 우리가 '고추'를 만난 건 늦은 점심을 해결한 식당 마당에서였다. 식사를
끝내고 커피 한 잔씩 들고 식당 앞마당에 섰는데 함빡 핀 색색의 열매가 눈에 띈다.
'이게 뭐지?' 엄마랑 하염없이 존재 알기에 몰두하는데 식당 사장님이 나오셔서
고추란다. 세상에 노랑, 분홍, 주황, 보라 고추가 어디 있담? 알록달록한 그것이
열댓 개 넘는 화분 속에 흐드러지게 피어 있었다. "귀여워! 귀여워!" 감탄하는
소리를 듣고 식당 사장님 몇 개를 똑 떼어 건네주신다. "잘 말려서 씨앗을 심으면
열매를 볼 수 있을 거요."
겨우내 잘 말려 씨를 얻었다. 열매 속에 자손이 될 씨앗을 품고 있다는 게 몹시
신기했다. 새해를 맞아 우리는 각자의 집에 고추씨를 고이 심었다. 연천에서 받아
온 귀여운 고추의 자손이 우리네 화분에도 피어날 터였다. 오종종한 생김새와
귀여운 색깔, 그것들이 베란다에 가득할 걸 생각하니 봄을 기다리는 마음이 자꾸
부풀었다. 시간이 지나자 거짓말처럼 싹이 텄다. 조금이지만 줄기가 자랐다.
열매는? 열매는 언제 자라지? 소식이 없다. 고모는 처음부터 자신이 없다고
할머니에게 씨앗을 맡겼고, 할머니는 텃밭에 심었지만 감감무소식이란다. 아이를
낳고 기르는 일이 쉽지 않은 만큼 아이를 만드는 일도 쉬운 일은 아니었다.
고추 역시 마찬가지. 볕이 잘 드는 고층 아파트에서도, 자연에 가까운 할머니네
텃밭에서도 고추 보기에 실패했다. 그 이유를 아무도 알지 못했다. 아이가 생기지
않는 이유를 당사자는 대체로 알 수 없듯이. 새삼 가족이 되는 것에 관해 생각한다.
나는 어떻게 엄마와 아빠의 자식이 되었을까, 고모는 어떻게 아빠의 동생이
되었을까, 할머니는 어떻게 아빠랑 고모랑 삼촌들을 낳았을까. 어쩌면 간절함의
문제였는지도 모른다. 그도 그럴 것이 나는 오늘에야 알록달록 고추의 이름이
궁금해 검색한 끝에 '하늘고추'임을 알게 됐으니. 내 식구 소중한 만큼 고추의
식구를 귀히 다루어주지 않아서였을까, 이름도 제대로 모르면서 빨리 자라나라
소망한 것이 괘씸하다 싶었던 걸까. 올해 다시 한번 하늘고추 씨앗을 구할 수
있다면 마치 태교처럼 성심껏 이름을 불러주고 음악도 들려줘 볼 심산이다.
정성에 감복해 '옛다!' 하고 열매를 맺어준다면 다시 한번 새하얀 할머니 머리에
알록달록한 하늘고추를 꽂아줘야지, 생각하면서.

엄마와 교회

나를 만들어 준 일요일의 기억들.

글·사진 전진우

지금은 혼자 지내고 있지만 대학을 다닐 때까지만 해도 나는 부모님이
있는 집에서 함께 생활했다. 그 기간은 얼마나 긴가. 나를 정의할 정도의
습관들은 어쩌면 그때 다 만들어졌을지도 모르겠다. 하지만 그 오랜
시간이 종종 지난 여행을 떠올리는 것처럼 짧게 느껴지는 것 또한 신기한
일이다. 이제는 이따금 두 시간 거리에 있는 그 집에 찾아간다. 일을
하지 않아도 되는 어느 날에, 비어 있던 내 방으로. 그곳엔 내가 없어도
계절마다 이불을 바꿔 놓는 침대, 쌓이지도 않은 먼지를 닦아 놓은 옷장이
있다. 그리고 책상 위에 펼쳐져 있는 성경책과 하얀 노트. 나 없는 방에
앉아 성경을 읽고 있는 엄마의 흔적이 있다.
교회에 관한 내 기억은 교회와 관련 없는 이야기로 가득 차 있다.
여유롭기도 하고 분주하기도 한 일요일 아침이면 나는 교회에 끌려가지
않으려고 잠든 척 연기를 하다가 정말로 다시 잠이 들어버리는 아이였다.
그렇게 잠시 비어 있는 집에서 눈을 떴을 때 느끼는 행복이 참 좋았다.
만화영화를 틀고, 엄마처럼 냉장고를 열어 놓은 채로 무얼 꺼낼까
고민도 해보다가 정오가 지나면 베란다 창가에 서서 엄마가 걸어간 쪽을
바라보고 있었다. 하얀 길을 따라 일정한 속도로 걸어오던 엄마는 언제나
갈 때보다 조금 차분해져서 집에 돌아오곤 했다. '교회란 좋은 곳이구나.'
나는 일요일이 좋았다.

잠든 연기가 통하지 않을 때부터 나는 엄마를 따라 교회에 나갔다.
목사님 말씀이라고 하는 건 언제나 졸렸지만, 나는 주보에 쓰인 내용을
한 글자도 빠짐없이 읽거나 찬송가를 부를 때 혼자 음을 바꿔 부르는
식으로 나름의 즐거움을 찾았다. 그 안에서 친구들이 생겼고, 친절한
어른들 사이에 둘러싸여 있었다. 수련회에 따라갔을 때 촛불을 켜 놓고
각자 힘든 일을 말하고 있었는데, 다른 사람들에 비해 내 슬픔은 너무
크기가 작은 것 같아서 나는 말할 수 없다고 했다. 그러자 어떤 남자가
내게 말했다. 슬픔의 크기는 다른 사람이 정하는 게 아니니까, 지금 하고
있는 고민을 편하게 말해 보라고. 나는 아무 말 안 했지만 그 말이 좋아서
계속 떠올리곤 했다. 그 뒤로도 교회에 가서 말없이 앉아 있었는데,
어쩐지 위로받는 기분이 들었던 건 아무래도 그 말 때문이었던 것 같다.
나는 동네 친구들을 거리낌 없이 그곳에 데리고 갔다. 그냥 앉아 있어
보라는 식으로.

'어딘가, 무엇인가 있겠지.' 세상이 보다 신비롭게 느껴지고, 작은 것과
큰 것, 나쁜 것과 좋은 것에 상관없이 어디에든 있는 존재를 생각해
본 건 대학에 다닐 때였다. 그때 나는 교회에 더 이상 나가지 않고 있었다.
교회 사람들은 예수님 때문에 오히려 솔직해지기 어렵다는 생각을 했던
것 같다. "근데 예수님, 너무 지켜보는 거 아니냐." 친구와 그런 농담이나
하고 그랬다. 나는 교회에 나가지 않았지만, 신이 있을 거라는 믿음은
오히려 더 단단한 상태였다. 교회에 나가면 오히려 신이 없는 공간에 있는
것 같았다. 그래서 교회에 나갈 수가 없었다. 몇 번은 의무감에 나갔다가
도중에 빠져나와서 거리를 걸어 다녔다. 풀을 손으로 만지고 땅을 밟아
보고 개천에 가서 한참을 앉아 있었다. 그제야 나는 다시 신에 관해
생각해 볼 수 있었다. 물론 이제는 신이라는 게 있다면 교회에도 있고
개천에도 있고 또 감옥이나 전쟁터에도 있으리라 생각하지만.
"교회로 다시 돌아갈 거야." 엄마는 교회에 나가지 않는 나를 한 번도
혼낸 적 없다. 그저 가끔 저런 말을 할 뿐이다. 얼마 전 집에 갔을 때
엄마를 따라나서고 싶은 마음에 교회에 함께 갔는데, 그때 마침 운영비가
모자란다는 내용이 설교의 절반을 차지했다. 나는 멍하니 앉아 목사님을
쳐다보고 있었다. 옆을 보니 엄마는 고개를 푹 숙이고 있었다. "오늘
이상하게 그러시네. 너가 온 줄 아나 봐." 집에 돌아오는 길에 그런 농담을
하는 엄마는 참 사랑스러웠다. 사실 교회에 가는 것보다 교회에 다녀오는
엄마를 기다리는 게 더 좋다고 내가 말했다. 마음이 편안해지는 풍경을
설명해 주고 싶었는데 잘 안됐다. "그래도 너는 교회로 다시 돌아갈 거야."
내 얘기가 끝나자 엄마가 또 말했고 나는 할 수 없이 웃었다.
내가 다시 교회로 돌아가게 될까? 엄마를 차분하게 해주는 울타리 그리고
내가 앉아서 눈을 감고 있던 그 의자를 떠올리면 가끔 그 공간이 소중하게
느껴지기도 한다. 하지만 아무래도 나는 교회에 다시 가지 않을 것 같다.
멍하니 목사님을 바라보며 속으로 자꾸 다른 생각을 하는 내가 싫기
때문이다. 그래도 엄마가 교회에 갔다가 돌아오는 그 길에서 나는 언제나
기다리고 싶다. 베란다에 기대서 엄마가 돌아오는 걸 바라보던 나는
이제 엄마 옆에 나란히 걷고 있다.
"러시아 동물원에 시베리아 호랑이가 한 마리 있는데요. 먹잇감으로
넣어준 염소와 친해져 3주째 함께 지낸다고 합니다. 둘이 산책도
하고 잠도 붙어서 잔다네요. 참 신기한 일입니다. 그런데 이게 가능한
일인가요?" 언젠가 엄마랑 함께 아침에 차를 타고 가는 길에 이현우가
진행하는 라디오에 이런 사연이 나왔다. 왠지 마음이 찡해지는
사연이었다. 호랑이 집 지붕에 올라가 주인 행세를 하는 염소에게
동물원 사람들은 중앙아시아 최대의 정복자인 '티무르'라는 이름도
지어줬다고. "천국이네." 그 이야기가 끝나자마자 엄마는 말했다. 엄마
말에 따르면 천국은 뱀과 염소, 호랑이, 새, 아이들, 모든 생명이 함께
싸우지 않고 지내는 곳이었다. 엄마가 해 준 이 이야기는 교회와 관련된
것이라면 별로 귀담아듣지 않는 내가 소중하게 여기는 것이 되었다.
"너는 교회에 다시 나가게 될 거야." 엄마가 또 말하면
이제는 나도 대답을 해야겠다. "나도 사랑해. 엄마."

글·그림 한승재 — 푸하하하프렌즈

단지 뻔하지 않으려고

여행으로 떠난 필리핀 호텔에서 호텔 직원과 잠시 이야기를 하게 됐다. 호텔 로비에서 웨이팅을 기다리는 동안 가만히 있기에 심심한 이야기를 나누었는데, 고맙게도 상대방은 한국 문화에 관심이 많은 사람이었다. 한국 드라마를 즐겨 본다는 그에게 나는 한국 드라마는 너무 뻔한 것 같다고 얘기했다. (그때는 넷플릭스가 널리 퍼지기 전이었는데, 당시 해외에서 방영하는 한국 드라마는 전부한 소재들뿐이라고 생각했다.) 그는 무슨 얘기인지는 알겠지만 한국 드라마는 자기 나라 드라마에 비하면 아주 다채로운 편이라며 자기 나라의 몇몇 드라마를 이야기를 해줬다. 그가 늘어놓는 줄거리는 출생의 비밀을 소재로 하는 것으로, 그의 국적과는 상관없이 익숙한 스토리였다.

출생의 비밀이 밝혀지는 순간만을 기다리며 몇 달간 같은 시간에 텔레비전 앞을 지키게 만드는 그런 종류의 드라마였다. 그런 드라마가 매번 반복해서 나온다고 했다. 나도 어릴 때 드라마 좀 봐서 그게 어떤 건지 너무나 잘 알고 있다고 말했다. 어느 날 모든 비밀이 밝혀지며 주인공이 드디어 정말 주인공이 되는 그 순간, 주인공은 백마 탄 왕자가 되고, 주인공을 핍박하던 주변 사람들은 나락으로 떨어지는 순간, 그 순간을 기대하며 보는 것 아니냐며, 뻔한 영화가 짧은 시간 공감대를 만들어 주었다.

최근 집에서 영화를 몇 편 보았다. 집중력이 십 분도 넘기기 힘든 요즘 한자리에 앉아서 영화를 본 나 자신이 대견했다. 유튜브에 '한국 고전영화'를 검색하면 한국영상자료원에서 오래전

영화를 좋은 화질로 볼 수 있도록 만든 페이지가 나온다. 오래된 영화들은 여행지에서 만난 사람이 말한 것과 비슷한 종류의 영화였다. 전화위복, 출생의 비밀 등 모두가 이해할 만한 스토리로 이루어진, 지금 영화에 비하자면 뻔해 보이는 영화들이었다.

영화를 보다가 문득 생각이 멈췄고, 이 영화가 재밌다고 생각했고, 이게 바로 영화를 보는 즐거움이 아닌가 생각하게 되었다. 특별한 줄거리를 가진 영화는 아니었지만 오히려 그래서 좋았다. 무언가를 이해하려 노력하지 않아도, 집중하려 애쓰며 팔과 다리를 뻗치지 않아도 영화를 감상할 수 있었기 때문이다. 물 위에서 바들바들 열매 팔과 다리를 뻗치지 않으면 물 위에 뜨는 편안한 기분이다. 영화가 뻔하면 뻔한 영화들이었다. 이쯤에서 누군가 죽겠지 싶으면 누군가 죽고, 저 사람이 죽겠지 싶으면 그 사람이 죽는…. 그런 편한 영화들이었다. 뻔하다는 건 편하다는 것인가?

문득 그동안 영화를 너무 공부하듯이 봤다는 사실을 깨닫게 되었다. 영화나 게임이나 독서나 원래는 시간 때우려고 하는 일인데, 영화나 독서는 언젠가부터 마음먹지 않으면 시작하기 어려운 공부 같은 것이 되어버렸다. 요즘 영화는 저마다 세계관이 있고, 그래서 영화 초반부에는 영화가 제공하는 정보를 모두 익혀두어야 할 의무가 있다. 길고 긴 자막으로 이 극의 배경을 모두 설명하는 건 너무나 지루하지만 등장인물들이 서로 주고받는 사소한 대화를 통해 쉼표없이 정보가 제공되기도 한다. 등장인물의 관계, 사건의 본질, 그 속에 숨겨진 함정….

한마디도 놓쳐서는 안 된다는 중압감에 졸린 눈을 억지로 부릅뜨고 등장인물이 쉴 새 없이 흘리는 정보를 주워서 짜맞춘다. 너무 이해하기 쉬운 영화는 재미가 없는 영화다. 꼬이고 꼬인 관계를 힘겹게 이해하고, '그래 이제야 영화가 좀 이해가 되네…'라고 느끼면 그때부터 영화 감상이 시작된다. 이런 종류의 영화를 좋아하는 이유는 영화에 대한 나의 충성심이 작용하지 않는다고 말할 수 없다. 이 세계를 이해하는 데 걸린 노력과 시간을 보상받고 싶어 하는 것이다.

뻔한 영화는 많은 것을 놓치고 있다. 어딘가 뻔한 구석이 있어야 힘을 빼고 다른 곳을 보게 되는 것인데 요즘 영화는 수능 듣기평가 하듯이, 지문 읽듯이 잔뜩 긴장하게 된다. 그런데 오랜만에 뻔한 영화를 보니 마음이 편했다. 영화를 보면서 이런저런 생각도 해보게 된다. 가끔 힘을 빼고 사는 건 이런 느낌일까?

나는 단지 뻔한 드라마가 싫어서 어려운 영화처럼 살려고 한다. 다르게 보이기 위해 노력하고, 다르게 보이기 위해 남과 다르게 생각하기도 하고, 뻔한 것을 너무나 싫어서 뻔한 것보다 더 별로인 것을 하기도 한다. 뻔한 것이 싫다면서 굳이 복잡한 이야기를 써 내려가는 사람이다. 가족에 대한 글을 써달라는 의뢰를 받았다. 처음 가족에 대한 이야기를 쓰겠다고 마음먹었을 때, 가장 먼저 떠오른 일화가 있다. 뻔한 한 가족의 저녁 이야기를 들려주고 싶었다. 매일 밤 아버지가 퇴근길에 아파트 계단에서 불던 휘파람 소리를 듣고 싶었다. 마술 마술… 나는 음치니까 물론 이 음은 맞지 않겠지만, 어쨌든 이것이 이정이 내가 복원한 가장

비슷한 멜로디다. 매일 저녁 일곱 시 아빠는 이런 멜로디를 노래하며 집으로 빠르게 걸어 올라왔을 것으로 추정한다. 나랑 누나는 매일 휘파람 소리를 가장 먼저 듣는 사람이 되려고 경쟁했고, 그래서 휘파람 소리가 들리면 가장 먼저 뛰어나와 현관문 앞에 섰다. 차가운 공기를 맞은 아빠의 볼이 식기 전에 볼에 찬 바람을 비벼주길 기다렸다. 당시엔 그것이 행복이었고, 그 순간 아는 불행도 상상해 본 적이 없었기 때문에 모든 사람이 이와 같을 것으로 생각했다. 행복은 그 시간 아버지가 올라오는 계단이었다. 그러나 행복한 가정에 깃드는 행복한 이야기는 너무나 뻔한 것이라서 나는 그것에 대해 쓰기 싫어졌다. 나는 이럴 때 휘파람을 분다고 상상하지 못한 행복을 발명해 모두에게 말해보고 싶었다. 그러나 나에겐 복잡해지고 감상하기에 복잡한 이야기는 욕심만 있을 뿐 그런 휘파람이 없다.

있지 않은 것을 보여주려는 욕심에 이야기는 복잡해지고 감상하기에 복잡해진다. 드라마 보이지 않을 뿐 뻔한 드라마나 복잡한 영화나 모두는 이야기는 한 줄기 희망을 담고 있다. 그것이 사람이 무언가를 만드는 이유니까. 뻔한 것은 희망과 메시지를 어딘가에 섞어 놓는 일이다. 누군가 아버지의 계단에 행복을 섞어 놓지 않았듯이, 굳이 이야기에 행복을 섞어 놓지 않아도 희망은 발견될 수 있다고 믿으며, 무언가 발견되길 기대하는 마음으로 하나씩 늘어놓는 일이 무언가를 만드는 일이 아닐까…

행복하고 싶어 영

시간과 사랑

글 한수희
일러스트 규하나

세상 모든 것이 그러하듯이 사랑에도 시간이 필요하다. 사랑을 할 시간이.

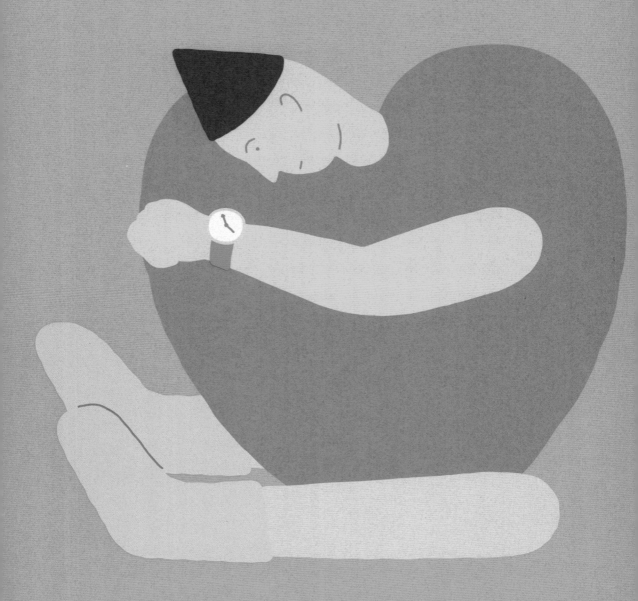

10년 전에 만들어진 일본 드라마 〈우먼〉(2013)에 한동안 빠져 있었다. 제목이 멋없기는 한데, 이 드라마의 작가가 얼마 전 고레에다 히로카즈의 영화 〈괴물〉로 칸 국제 영화제에서 각본상을 탄 사카모토 유지다. 〈괴물〉이라는 영화가 신기하게 재미있어서, 사카모토 유지의 드라마나 찾아볼까, 하다가 넷플릭스에 〈우먼〉이 있어 보기 시작했다.

사고로 남편을 잃고 홀로 아이 둘을 키우는 가난한 싱글맘 코하루는 재생불량성 빈혈, 그러니까 백혈병에 걸렸다. 돌볼 사람 없이 남겨질 아이들 걱정에 코하루는 20년 전 헤어진 친모 사치를 찾아간다. 아버지와 이혼하고 집을 나간 사치는 다른 남자와 결혼해 딸 하나를 낳고 살고 있다. 버림받았다는 상처에 사치를 엄마라고 부르지도 않는 코하루는 자존심을 굽히고 사치의 집에서 살게 해달라고 부탁한다. 문제는 이복여동생 시오리가 코하루의 남편 신의 사고에 연루되어 있다는 것이다. 그 비밀을 아는 사치는 20년 만에 찾아온 딸과 손자들을 반기지 못한다.

드라마를 보면서 나는 이런 생각을 했다. 좋은 드라마와 나쁜 드라마의 차이는 무엇일까? 좋은 이야기와 그렇지 않은 이야기의 차이는? 내 생각에, 좋은 이야기는 인간이라는 존재를 납작하게, 그러니까 평면적으로 그리지 않는다. 이야기 속의 사람들을 가난한 싱글마더, 자식을 버린 어머니, 언니를 질투하는 동생, 엄마를 미워하는 딸, 동생을 용서하지 못하는 언니라는 기능적 존재로만 남겨두지 않는다. 그들은 착한 사람인 동시에 나쁜 사람이며, 행복한 동시에 불행하며, 책임을 지려 하는 동시에 달아나고 싶어 한다. 인간은 입체적이고 다면적이며 불완전하다.

그리고 그 사람들은 이야기 속에서 하루하루를 살아간다. 남편을 잃어도, 병에 걸려도, 죄를 지어도, 가족을 미워해도 그들은 매일 아침 일어나 식사를 준비하고, 출근을 하고, 아이들을 돌본다. 어른들에게는 돌봐야 할 아이들이 있기에 자기감정 속에서 허우적댈 수만은 없다. 그 아이들에게 먹을 걸 사주고 밥을 차려주기 위해서 버텨야 한다. 울며 쓰러지고 싶어도 아이들이랑 이상한 춤을 춰야 하고, 아이들이 겁먹지 않도록, 슬퍼하지 않도록 재미있고 희망적인 이야기를 들려줘야 한다. 아이들을 위해 억지로라도 웃어야 한다.

만약에 같은 이야기를 다른 작가가 썼다면 어땠을까? 인간을 선인과 악인으로만 그리는, 자극적인 설정에만 탐닉하는 작가였다면? 시청자와 관객을 관조자나 심판자가 아니라, 이야기 속 여러 인물들이 처한 딜레마에 감정 이입하게 만드는 사카모토 유지의 재능과 노력에 감탄했다.

클레어 키건의 짧은 소설 《맡겨진 소녀》의 주인공은 가난한 농가의 여러 딸 중 하나다. 부모는 새로 태어날 동생의 출산을 준비하느라 소녀를 친척인 킨셀라 부부의 집에 맡긴다. 그 집에는 아이가 없다. 낯선 사람들의 집에 맡겨진 소녀는 잔뜩 긴장하지만, 다행히 부부는 다정하고 선량한 사람들이다.

아주머니가 웃으며 자기 엄지를 핥더니
내 얼굴에 묻은 무언가를 닦아준다.
엄마의 엄지보다 부드러운 손가락이
뭔지 모를 것을 말끔하게 닦아내는 느낌이 든다.
아주머니가 내 옷을 보자 나도 아주머니의 눈을
통해서 내 얇은 면 원피스와
먼지투성이 샌들을 본다.
우리 둘 다 무슨 말을 해야 할지 모르는 순간이
흐른다. 묘하게 무르익은 산들바람이
마당을 가로지른다.
"들어가자, 아가."
— 클레어 키건, 《맡겨진 소녀》 중에서

소녀는 지금껏 자신이 살던 집이, 자신이 속한 가족이
전부인 세상에서 살았다. 아주머니는 긴장한 소녀를
깨끗하게 씻겨주고, 자다가 매트리스에 오줌 눈 것을
보고도 모르는 체해준다. 아저씨는 소녀에게 다정히 농담을
건네고, 전속력으로 달려 진입로에 있는 우편함에서 편지를
가져오게 한 후 칭찬해 준다. 늘 지쳐 있고 아이들을 성가셔
하며 죄의식을 심어주던 부모와 함께 살아온 소녀에게는
이런 생활이 너무나 낯설다.
그러나 소녀는 조금씩 적응해 나간다. 아주머니 아저씨와
함께 식사를 하고, 하루 종일 아주머니를 도와서 집안일을
한다. 아저씨의 심부름을 하기도 하고, 밤에는 어른들
모임에 끼어 간식을 얻어먹기도 한다. 부부는 소녀를 마치
친딸처럼 편하게 대하면서도 아껴주고, 소녀는 조금씩
그들에게 마음을 의지하게 된다. 소녀는 난생처음 세심히
이해받는 느낌이다. 부모의 골칫거리가 아니라, 한 가족에
속한 느낌이다.

물은 정말 시원하고 깨끗하다.
아빠가 떠난 맛, 아빠가 온 적도 없는 맛,
아빠가 가고 아무것도 남지 않은 맛이다.
나는 머그잔을 다시 물에 넣었다가
햇빛과 일직선이 되도록 들어 올린다.
나는 물을 여섯 잔이나 마시면서
부끄러운 일도 비밀도 없는 이곳이
당분간 내 집이면 좋겠다고 생각한다.
— 《맡겨진 소녀》 중에서

얼마 전 친구가 내 아이들이 어릴 때의 이야기를
들려주었다. 아마 둘째가 태어난 지 얼마 안 되었을 때일
것이다. 나는 아기를 돌보느라 정신이 없었고, 이제 고작
두 돌이 지난 첫째는 별수 없이 방치되어 있을 때가 많았다.
우리 집에 놀러 온 친구는 발에 스티커가 붙어 성가셔
하는 내 딸을 보았다. 그 애가 혼자서 스티커를 떼지 못해
칭얼대자, 다정한 내 친구는 "이모가 떼어줄게."라고
하며 딸에게 다가가 발에서 스티커를 떼어주었다고 한다.
그때 딸은 낯을 가려 경계하면서도 무척이나 좋아하는
표정이었다고 했다.
나는 그 표정을 상상할 수 있다. 조용히 기쁨에 겨운 표정.
조심스럽게 기뻐하는 표정. 그때 나는 무얼 하고 있었을까.
아마도 아이 둘과 씨름하는 매일에 지쳐서 그 애들을
하나하나 정성껏 돌봐줄 여유 같은 건 없었을 것이다. 나는
다정한 목소리로 아이를 앉혀 부드러운 손길로 천천히
스티커를 떼어주지는 못했을 것이다. 그래서 나는 친구에게
고마웠고, 동시에 내 아이를 생각하며 조금 슬펐다. 그
아이의 유년 시절에 내가 모르는 얼마나 많은 기쁨과
슬픔이 스쳐 지나갔을지를 생각하니 슬펐다.

아주머니의 손을 잡고
오솔길을 따라 밭을 다시 지나올 때
내가 아주머니의 균형을 잡아주고 있다는
생각이 든다. 내가 없으면 아주머니는
분명 넘어질 것이다. 내가 없을 때는
어떻게 했을까 생각하다가 평소에는
틀림없이 양동이를 두 개 가져왔겠다는
결론을 내린다. 나는 이런 기분을
또 언제 느꼈었는지 기억하려 애쓰지만
그랬던 때가 생각나지 않아서 슬프기도 하고,
기억할 수 없어 행복하기도 하다.
　　　　　　　—《맡겨진 소녀》 중에서

부모의 역할은 아이를 잘 돌보는 것, 그리고 때가 되면
그들이 부모의 품을 잘 떠날 수 있게 하는 것이다. 그렇다면
아이는 무슨 역할을 할까? 아이들도 부모에게 주는 것이
있을까? 부모도 아이들한테 받는 것이 있을까? 아무것도
얻는 것이 없다면, 오히려 키울수록 마이너스라면 왜
아이를 낳아야 하는 걸까? 나는 아이들에게 받은 무한한
사랑과 신뢰야말로 아이를 낳아서 얻은 가장 큰 이득이라
생각해 왔다. 그래, 이 아이들이 아니라면 세상 누가 이렇게
날 사랑해 주고 믿어주리. 그런데 〈우먼〉에서는 조금 다른
이야기를 한다.
산을 좋아했던 코하루의 남편 신은 왜 산에 오르느냐는
질문에 대해, 마치 책을 읽는 것처럼 마지막 페이지에
무엇이 적혀 있는지 알고 싶어서였다고 말했다. 왜
사는지에 대한 답을 알고 싶었다고, 정상에 오르면 그 답을
알 수 있지 않을까 싶었다고 했다. 그런데 아버지가 되자
생각이 달라졌다고 했다. 정답 같은 것은 없다. 누구도 자기
삶의 마지막 페이지를 읽을 수 없다. 마지막 페이지를 읽는
사람은 그들의 아이들이다.
언젠가 부모가 세상을 떠나면 아이들이 부모의 인생을
대신 읽어줄 것이다. 그리고 부모가 남긴 답을 아이들이 잘
간직할 수 있도록, 잘 받아들일 수 있도록 부모는 최선을
다해 살아간다. 오직 그것뿐이다. 결국 우리가 살아가는
이유는 아이들이 우리의 마지막 페이지를 읽게 하기
위해서인 것이다.

　　　　　　우리는 자리에서 일어나
　　　　잠시 멈춰 서서 바다를 돌아본다.
　　"보렴, 저기 불빛이 두 개밖에 없었는데
　　　　　　이제 세 개가 됐구나."
　　　　　내가 저 멀리 바다를 본다.
　　아까처럼 불빛 두 개가 깜빡이고 있지만
　또 하나가, 두 불빛 사이에서 또 다른 불빛이

꾸준히 빛을 내며 깜빡인다.
"보이니?" 아저씨가 말한다.
"네." 내가 말한다.
"저기 보여요."
바로 그때 아저씨가 두 팔로 나를 감싸더니
내가 아저씨 딸이라도 되는 것처럼
꼭 끌어안는다.
　　　　　—《맡겨진 소녀》 중에서

내 주변의 결혼한 커플들 중 절반은 아이가 없다. 지나가는
유아차 안을 슬쩍 들여다보면 아이 대신 강아지가 앉아
있다. 놀이터는 늘 텅 비어 있다. 무엇이 문제일까? 돈을
주면 아이를 더 낳을까? 겁을 주면 아이를 더 낳을까?
아이에게는 조건 없는 사랑과 따뜻한 보살핌이 필요하다.
그런데 조건 없는 사랑의 마음과 따뜻하게 보살필 수 있는
마음은 여유에서 오는 것 같다. 물질적인 여유뿐만 아니라,
시간적인 여유에서도. 그러니 우리에게 돈보다는 시간을
달라고 이 세상에 요구할 수밖에 없겠다. 아니, 돈도 주고
그보다 더 많은 시간도 주라고 세상에 요구할 수밖에
없겠다.
세상의 속도를 늦춰 달라고 요구할 수밖에 없겠다. 세상의
속도는 개인이 어떻게 할 수 있는 것이 아니다. 세상의
속도는 세상이 늦춰야 한다. 그러지 않는다면 누구도
아이를 낳지 않을 거라는 협박이라도 해야겠다. 사랑에는
시간이 필요하니까. 시간이 전부니까. 아니, 사실상 세상
모든 것은 시간이 전부다.

Book—《맡겨진 소녀》 클레어 키건 | 다산책방

Drama—미즈타 노부오, 아이자와 준 〈우먼〉(2013)

사랑해!

피 대신 우리가 나눈 건 서로를 아끼는 마음.

연남동 사옥 | 발행인 송원준
처음 땅을 사고 건물을 올릴 때부터 무수히 많은 모험담이
생겼다. 이제 사옥 곳곳에는 많은 사연과 추억들이 묻어 있다.
부서지고 때가 긴 벽을 보면 이곳과 함께 나이가 들어가는 것
같다. 회사가 지금과 다른 모습이 되어 다른 곳으로 옮기게
된다면, 그때는 여기에 들어와서 노후를 보내는 상상을 한다.

내 몸의 움직임을 살펴봐 주는 사람 | 편집장 김이경
유일한 나의 운동은 일주일에 한 번 하는 요가. 어라운드에서
'절기 따라 걷기'를 연재 중이기도 한 예슬 쌤은 오늘도 요가하다
꾸벅 조는 나에게 철분 영양제를 권해주셨다. 나의 몸과 마음을
항상 그곳으로 향하게 해주는 고마운 예슬 쌤. 누가 이렇게
내 몸 상태를 이리도 다정히 살펴봐 줄까.

도망가자던 사람 | 에디터 이명주
나의 가장 친한 친구는 내가 마음을 끙끙 앓고 있으면 아무것도
생각하지 말고 도망가자고 한다. 자신이 기꺼이 따라나설
테니 한적한 바닷가 마을에서 빵 굽고 전복 캐며(?) 살자고.
황당해하며 킥킥 웃어넘기지만, 덕분에 가벼워진 마음이
훌훌 날아다닌다.

서로의 짐을 등에 지고 | 에디터 차의진
한 동네에서 어우렁더우렁 살아가는 서른 명과 가족이 된 지도
어느덧 3년째. 같은 곳을 바라보며 걸어갈 사람들이 있다는 건
무엇과도 바꿀 수 없는 일이야. 나의 짐을 먼저 져준 대장님,
언니오빠들, 아기들. 늘 고맙고 사랑해요!

나의 모래 | 디자이너 양예슬
포동하고 보드라운 모래는 둘도 없는 나의 아기 고양이지. 집엘
들어서면 졸래졸래 나와 발라당 배를 보여대는 너의 사랑스러운
행동은 루루를 보고 배운 걸까나. 지친 하루 끝에 너를 품에 안고,
너의 골골송을 들으며 잠에 드는 순간은 나에게 유일한 안식의
순간이야.

일곱 형제와 두 천사 | 마케터 박하민
때론 가족처럼, 때론 친구처럼 묵묵히 곁을 지켜줘서 고마운
마음이 한 아름인 존재들이다. 본질을 잃고 살아가다가 문득
살아가는 이유를 찾아보면 빠지지 않고 이들의 이름이 생각난다.
고맙고, 사랑하고, 아낀다.

젤리에게 전하는 짧은 고백 | 브랜드 프로젝트 디렉터 김진형
종종 내가 하는 말을 알아듣고 내 기분이 어떤지도 잘 알아차리는
네 덕분에 위로받고 있다는 걸 알아? 더 오랜 시간 함께 살면서
산책도 계속하고 좋아하는 아이스크림도 같이 먹자. (밥 먹고 나서
바로 뽀뽀하면 냄새 때문에 좀 힘들지만 참을 수 있어⋯.)

보고 싶은 당신들에게 | 브랜드 프로젝트 매니저 정현지
오랜만에 이름을 하나씩 부르는데 하고 싶은 말이 너무 많아서
그냥 울었어. 사랑해, 더 자주 기억할게. 오래 그리워하다 반갑게
만나자.

J에게 | 브랜드 프로젝트 매니저 지정현
가족에게 따뜻하게 굴려고 노력하는 건 너 때문이기도 해.
지겨운 순간이 불쑥 찾아와도, 외로움을 딛고 일어선 네가 있어서
이겨낼 수 있었어. 앞으로도 그럴 거야. 잘 지내보자.

지혜는 사랑 | 브랜드 프로젝트 매니저 정도원
우연한 기회로 일흔이 넘으신 수사님과 친구가 되었다. 지난봄
수사님이 데쳐주신 두릅을 나눠 먹었는데, 올봄 시장에 나온
두릅을 보며 그때 나눈 대화가 떠올랐다. "수사님 지혜는
무엇일까요?" "지혜는 사랑이지." 그 말을 믿고 작년을 넘겼다.
올해는 수사님께 그럼 사랑은 무엇인지 묻고 싶다.

Vol.01 Vol.02 Vol.03 Vol.04 Vol.05 Vol.06 Vol.07 Vol.08 Vol.09 Vol.10 Vol.11
Vol.12 Vol.13 Vol.14 Vol.15 Vol.16 Vol.17 Vol.18 Vol.19 Vol.20 Vol.21 Vol.22
Vol.23 Vol.24 Vol.25 Vol.26 Vol.27 Vol.28 Vol.29 Vol.30 Vol.31 Vol.32 Vol.33
Vol.34 Vol.35 Vol.36 Vol.37 Vol.38 Vol.39 Vol.40 Vol.41 Vol.42 Vol.43 Vol.44
Vol.45 Vol.46 Vol.47 Vol.48 Vol.49 Vol.50 Vol.51 Vol.52 Vol.53 Vol.54 Vol.55
Vol.56 Vol.57 Vol.58 Vol.59 Vol.60 Vol.61 Vol.62 Vol.63 Vol.64 Vol.65 Vol.66
Vol.67 Vol.68 Vol.69 Vol.70 Vol.71 Vol.72 Vol.73 Vol.74 Vol.75 Vol.76 Vol.77
Vol.78 Vol.79 Vol.80 Vol.81 Vol.82 Vol.83 Vol.84 Vol.85 Vol.86 Vol.87 Vol.88
Vol.89 Vol.90 Vol.91 Vol.92 Vol.93 Vol.94 Vol.95

Publisher
송원준 Song Wonjune

Editor in Chief
김이경 Kim Leekyeng

Editor
이명주 Lee Myeongju
차의진 Cha Uijin

Art Director
김이경 Kim Leekyeng

Senior Designer
양예슬 Yang Yeseul

Cover Design Guide
오혜진 O Hezin

Cover Image
Jackie Cole

Photographer
강현욱 Kang Hyunuk
김혜정 Keem Hyejung
임정현 Lim Junghyun

Project Editor
이주연(산책방) Lee Zuyeon
김건태 Kim Kuntae
배순탁 Bae Soontak
전진우 Jun Jinwoo
정다운 Jung Daun
한수희 Han Suhui
한승재 Han Seungjae

Illustrator
규하나 Kyuhana
세아추 Sea Choo
휘리 Wheelee

Marketer
박하민 Park Hamin

Copy Editor
기인선 Ki Inseon

Management Support
강상림 Kang Sanglim

Publishing
(주)어라운드
도서등록번호 제 2014-000186호
출판등록일 2009년 12월 5일
ISSN 2287-4216
창간 2012년 8월 20일
발행일 2024년 6월 3일

AROUND Inc.
서울시 마포구 동교로51길 27
27, Donggyoro 51-gil, Mapo-gu, Seoul, Korea

광고 문의 / 070 8650 6378
구독 문의 / 070 8650 6375
around@a-round.kr

a-round.kr
instagram.com/aroundmagazine
post.naver.com/pgbook2

어라운드는 나무를 아끼기 위해
고지율 20퍼센트인 재생종이 그린라이트를 사용합니다.